劉道薇 Sarah Liu——著

20位臺灣頂尖女性的成功筆記

夢想不設限！
做，就對了！

獻給

本書的每一位作者、

協力完成本書的團隊，

以及所有正在找尋，追求或堅持夢想的朋友……

這本書是為妳而寫！

劉道薇（Sarah Liu）

Little Girl Big Dream 創辦人

—序言—

化不可能為可能的人生

如果妳希望能真正了解本書的內容和背後的信念，我想要先和妳分享一個小故事。

這是一個伴我長大的小女孩之親身經歷。她從小對所有事情都有一股強烈的好奇心，雖然並非天賦異稟，但她總是抱著樂觀、熱情的態度做任何事情。

六年前，這位女孩完成了教育並踏入社會，努力工作且不斷獲得升遷。她做好了振翅高飛的準備，立志發展自己的長才，同時攀向事業的高峰，只因她深深相信人生充滿了無限的可能。

這位女孩比我所認識的任何人都還要認真，即便在面臨某些極不合理的工作或同儕環境中，她也維持著不屈不撓的態度。每次見到她時，我都可以看見她眼中堅定地透露出渴望成功的火花。

夢想著要征服世界的她努力工作，把握住所有機會來完成每一項工作及任務。雖然看似經常被佔小便宜，但她從來沒有質疑過自己選擇的路，因為她深信：堅守正確的職業倫理、保持對工作的熱誠並且堅持不懈，終將能邁向成功。

但最近幾年來，我發現她眼裡的光芒和熱情慢慢黯淡了下來。

她發現，在職場中能夠給予像她這樣年輕女性的支持、鼓勵和輔導，其實非常有限。儘管因為努力工作，她成為全球知名化妝品牌大洋區的品牌經理，並成為許多世界聞名公司的品牌顧問，但是她卻深深地感到孤單。她尋找著志同道合的女性夥伴，能指引她邁向下一個高峰的前輩，以及願意栽培許多像她這樣有理想年輕女性的企業。她覺得自己像是一條逆流而上的魚，或是一隻在森林中迷失方向的小白兔，總是缺少了些引領和激勵。在追求事業成功的這條路上，渴望能不斷進步的她備感孤寂。

雖然找不到這樣的平台，但她沒有服輸。她決定化危機為轉機，自己去創造這樣的平台，因為一個理想的環境不會憑空產生，它需要有信念的人一同去創造。一個全新的組織——Little Girl Big Dream——就這樣誕生了。

Little Girl Big Dream致力於串連和培養優秀、有企圖心的年輕專業女性，透過職場講座、專業訓練課程，引領並裝備新時代女性的職場技能。從澳洲雪梨（Sydney）為起點，不斷成長，Little Girl Big Dream至今已幫助培育了數百位澳洲女性，並在三年內擴展到澳洲的其他城市，包括墨爾本（Melbourne）和伯斯（Perth）。

儘管設立的時候沒有合夥人，缺乏資金與資源，這個女孩讓我看到只要有夢想，就有堅持下去的勇氣與決心。她用將近四年的時間創業，同時維持她全職的品牌工作，毫無休息或約會的時間，全心全力投入其中。雖然一路走來充滿挑戰與困難，她幫助我相信，**只要深信沒有不可能的事，我們就能達成看似不可能的目標**。

看到這裡，妳也許已經猜到——是的！那女孩——就是我。

我在臺灣出生，在紐西蘭成長，後來到澳洲工作。當初父母堅持把我送出國，是因為我根本無法在亞洲的教育和社會體系下生存：

我不能理解所謂的「第一志願」或學子搶進的熱門科系，因為我們應該鼓勵每個人都可追求不同的興趣和人生；

我不能接受男主外女主內的觀念，因為不論是男、是女，都應該要有選擇自己定位及角色的權利；

我不能同意少犯錯不失敗就是成功，因為那代表的，其實是你從未踏出自己的舒適圈；

我更不相信有不可能的事（IMPOSSIBLE），因為這個字本身就已經說了它是可能的：I-M-POSSIBLE。

儘管我在臺灣只度過人生的第一個十二年，但這塊土地一直都是最讓我備感溫馨的地方。我一直希望有一天能為這個地方帶來一些改變，幫助像我一樣的年輕職場女性完成她們的夢想。雖然在國外成長的背景，讓我對臺灣的職場文化、企業願景與問題了解有限，但我相信在職場上，女性所面臨的挑戰全球皆然。臺灣是個有許多前景及機會的地方，但從我跟許多當地職場女性的互動中，我看到臺灣女性（或是亞洲女性）經常被加諸於身的觀念所綁住，或是成為傳統倫理規範中，女性角色與責任的犧牲品，這都是世界各地許多想要跨越文化障礙的職場女性常遇見的問題。

這就是為什麼這本書對我來說，意義非凡，因為將此書澳洲版的成功經驗及影響力延伸到了臺灣，不但開始實現我長期以來對臺灣的願景，並再次驗證：只要相信自己，願意去做，沒有達不到的事。

這本書中，集結了二十位臺灣頂尖女性領導者的手稿，將她們在職場上克服困難，邁向成功，實現夢想中的領悟，在書中跟大家分享。我根本無法想像，中文只有小學程度及對於臺灣出版業毫無概念的我，在完全沒有任何人脈及關係的情況下，靠著一股理念堅持與熱忱，一個一個地搜尋與聯絡、一步一步地學習與摸索，整合了臺灣各界高階女性領導者的職場智慧，把這本書做出來。正因如此，我在此要對這群前輩獻上深深感謝，感謝妳們願意支持一個不認識的女孩達成她的夢想，感謝妳們對於提攜年輕女性的熱情與決心，本書才得以發行。

我希望這本書能幫助我們，以全新的思維去檢視我們工作的態度——不再只是為了應付家計而默然承受；不再只是等待工作五天後的週末玩樂；不再只是交差了事，而是重新發掘心中的夢想，再次點燃心中的熱忱，才能讓我們把一份份的工作轉變成終身的事業，邁向人生的下一個高峰。

也許聽起來陳腔濫調，但我深深相信，唯有心懷大於「小確幸」的夢想，才能讓我們活得精采。的確，在現實中也許有著因性別或文化，而在職場上存在的各種差別待遇，但當我們在埋怨玻璃天花板（Glass Ceiling）牢不可破的同時，是否自己也畫地自限（Sticky Floor），在安逸的舒適圈裡原地踏步？除非我們每個人提升自己，追求突破，否則妳現在面臨的劣勢和現況不會有一絲改變。

Little Girl Big Dream幫助了許多澳洲女性找尋、追求並達到職場的目標和夢想，我也深深希望這本書帶給各位的，不僅是短暫的鼓舞，而是能夠真正激發每一個人去追求和完成自己所夢想的一切。最後想跟大家分享一句總是帶給我無限動力及想像力的一句話——

IF YOU CAN DREAM IT, YOU CAN DO IT!

Nothing is impossible,
the word says I’m possible.
沒有不可能的事！
“impossible”這個字本身已說明“I’m possible”。
——奧黛麗·赫本（Audrey Hepburn）

CONTENTS 目錄

212

目錄圖片提供 Kikki.K （編按：全書依姓氏筆劃排序）

丁菱娟

世紀奧美公關顧問公司創辦人

人生的劇本自己寫。

年輕時與三位好友在一個月色很美的夜晚看星星，有人一時興起，提議要每個人用四個字來許一個願望，對自己的未來做概括性的描述。三位朋友分別說了「轟轟烈烈」、「平平順順」與「自由自在」，最後輪到我時，我說「多采多姿」。三十年後，我覺得自己行走在願望這條路上，心中踏實快樂。後來碰到一位長輩提及這四個願望當中，「平平順順」是最難達到的，原來人生起起伏伏，禍福與共才是常態，而成長就是要培養面對這一切的能力。

我的人生啟蒙於十七歲，那年我寫了一首歌的歌詞《給你，呆呆！》，並參加金韻獎的比賽，沒想到被錄取後收錄在唱片中，開啟了我豐富的大學生活，參與當年最燦爛的民歌年代。年輕的時候藉著打工做了很多事情，賣唱片、民歌餐廳演唱、電影配音、寫劇本，懵懵懂懂地憑著一股熱情去投入，在這個過程當中，我了解到「做」的力量；很多事因為投入了、行動了，所以改變了我的觀點，讓我視野打開，膽子變大，人生也不一樣了。很多本來以為做不到的事情，因為行動而使夢想變得沒有那麼遙遠，我很高興年輕時的打工經歷，讓我培養凡事都願意嘗試，從錯中學習的態度。

離開校園生活後，我進入「宏碁科技」工作，從業務助理做起，雖然是小小的助理工作，我也做得很起勁。在宏碁七年，目睹了臺灣科技業的蓬勃興起，有幸隨著公司的成長，在公司內部歷練了多個不同的部門，我像塊海綿快速又渴望地學習，每次在公司有新職務出缺且是我感興趣的工作時，我都勇於去嘗試，不管職務高低，最後終於找到並轉調至我最愛的公關企劃工作。我常想，年輕人只要肯做，腳踏實地，機會自然會來，也會找到自己的最愛，摸索或迷惘只是過程。

⋮

三十歲以後，我結了婚、生了小孩，覺醒要積極地過日子，於是每年年底開始養成一個習慣，就是寫下隔年想完成的三個目標，到現在我都還會因為每年可以劃掉這些夢想清單而開心不已，我的人生開始有計劃地前進。三十歲結婚、三十一歲生小孩、三十二歲出國念ＭＢＡ、三十三歲創業，直到四十歲把公司部分股權賣給跨國傳播集團——奧美集團，又擔任奧美公關事業群的ＣＥＯ，最近則從董事長的職務退下來，開始做自己喜歡的事情。現在幫助年輕人成長，成了我未來最大的願景。

創業可說是我人生最值得的冒險，在當上班族十年後，我決定走出舒適圈創業，離開已經打下基礎的工作，從一張桌子、一個人開始。當上班族那十年讓我找到科技產業與公關領域的黃金交叉線，因此創辦一家科技公關公司成為我的必然定位，剛好遇上臺灣科技業蓬勃發展的年代，我乘風而起，一躍而上，也讓自己從一個懵懵懂懂、只會做夢不切實際的小女孩，蛻變成一個腳踏實地、凡事自我作主的新女性。知識、見識、膽識是我在職涯中最重要的學習，這三者相輔相成，一旦擁有之後，就變成內在非常強大的力量，讓我碰到再困難的事情都無所懼。

因為工作，我去過很多國家旅行，開拓前所未有的視野，了解到自己的渺小。因為工作，我遇到許多精采的人，包括同事、客戶、夥伴、同業、媒體，他們豐富了我的生命。也因為工作，我得到實際財務的回饋，可以照顧家人。工作的意義已經超越工作本身，當我用積極、認真的態度去看待這份工作時，它是收入的來源、知識的累積、視野的拓展、人脈的聯繫、成長的動力、快樂的所在，還有自我實現的滿足。對我而言，工作真的不只是工作而已，它與我的生活息息相關。

女人值得去找到自己喜歡的興趣或工作來投入，找出成就感，活出自信、活出迷人的姿態，讓自己活得好，才有能力帶給家庭及周遭的人幸福與快樂。

“**知識、見識、膽識**是我在職涯中最重要的學習，這三者相輔相成，一旦擁有之後，就變成內在非常強大的力量，讓我碰到再困難的事情都無所懼。”

王文欣

中國無印良品（上海）商業公司董事總經理

不要忘記
最初純粹的夢想。

人生真是一趟充滿無限可能的旅程。成長自平凡家庭的我，因為工作與生活，接觸到許多有趣的人事物，在工作中不但實現自我，也因此豐富了我的人生。如果要我給在追求自己的夢想旅途中的年輕女性一些建議，我想，「永遠保持好奇心與學習力」、「對人生與工作充滿熱情」、「當機會來臨時，勇於接受挑戰，不要停止擦亮自己」是我在實踐夢想的旅程中的心得。

永遠保持好奇心與學習力

在還年輕時的妳，工作所獲得的薪水和獎金大部分都會花完，只有透過工作所學到的東西才是最重要的，那是自己的，誰也拿不走，而且這學到的知識與能力，會成為滋養妳未來人生的重要養分。每段時間給自己設定大大小小不同的目標，也許簡單的如讀幾本好書、完成一個精采的project（計劃）；也可以是較長遠的目標，持續精進一種運動、利用幾年的時間學好一種語言、取得一個學位，當設定這些目標的同時，妳也開始了一段學習之旅。而這種學習，不單指工作，在生活中也是如此，認真經營自己的生活、結交有深度的朋友、增廣見聞也好，讓自己成為一個豐富、精采、有趣的人。

對人生與工作充滿熱情

人生與工作總是會遇到挫折，只是有的人遇上得早，有的人發生得晚。在我工作的第五年，無預期地碰上了一次打擊。當時我的上一層主管離職，當所有的同事都認為工作表現一直深獲肯定的我，應該是這個職位出缺的不二人選。一天，上上層的主管把我找了去，語重心長地告訴我，妳有一天會結婚生子，走入家庭，妳要付出更多心力在家庭生活中，所以這個主管職缺不能由妳擔任。那是我第一次曉得什麼是玻璃天花板，性別歧視的打擊更甚於未升任主管職。但在收拾好心情之後，我讓自己還是回到熱愛的工作崗位上，幾年後，我反而很感謝因為這樣，多了一些準備時間，讓我有更成熟的心智狀態去面對領導統御的工作。正面思考，可以為自己及周遭的人帶來正面的能量，遇到挫折時堅持下去，讓自己一直對人生有源源不絕的熱情。

當機會來臨時，勇於接受挑戰，不要停止擦亮自己

在二〇一三年，放下了在臺灣習慣已久的舒適生活，來到中國大陸接任無印良品董事總經理一職，這從來不在我的人生規劃內。離開comfort zone（舒適圈），對任何人來說，都是困難的事。但我常覺得，必須給部屬比他能力稍微重一點的任務，因為如果過於駕輕就熟，不太容易有精采的表現，人往往都是在最不安、困苦的狀態下，激發出潛力，產生最好的作品。隨著工作時間拉長，妳會累積一些工作經驗、資歷，漸漸形成妳的舒適圈。所以，不要忘記，要有自覺地不斷淬鍊自己，勇於接受各種挑戰。

最後，我想建議年輕的妳，常常去聆聽自己心底的聲音，不要忘記最初那個純粹的夢想，就能滿懷熱情與勇氣前行！

王文欣

“認真經營自己的生活、結交有深度的朋友、增廣見聞也好，
讓自己成為一個豐富、精采、有趣的人。”

戲劇製作人
王琄華

夢想
讓妳走向成功。

前陣子回我的母校——羅東高中，領傑出校友獎，三十年來已改變的校區，但不變的是，我仍擁抱高中時代入學的那份青澀小雀躍的心情。記者問我得獎感言時，我笑說：「我是實驗失敗組」，男女合班成績不佳，因為都在玩——忙著把男生扮女裝的表演節目，整治得更徹底。

原來這份所謂的傑出，是我用「夢」玩出來的……

我比別人幸運，從小就開始做夢，當同齡小孩努力於補習考試，我的春秋大夢早已經飛揚了。在資訊貧乏的南澳鄉村小路邊，我偷撕電影海報，那張《我是一片雲》的海報，至今還放在我的書房裡，一張海報一個夢想，我要當——林青霞，哈哈……不是啦！是我要把林青霞的愛情說給同學們聽，要她們去演（當時女同學被強迫聽完故事後要表演給我看，可憐的她們），讓《我是一片雲》有我「夢的故事」在裡面。

高中畢業唯一的志願是文化大學影劇系，最後讀了世新廣電科，與志願相同，完全沒有矛盾，一路追隨夢想。我不曾對未來職場人生有過困惑，因為只會做這麼一件事——看故事、聽故事、作故事。為了「作故事」的夢，我的第一份工作用十年來學習。別人也許會笑我傻，傳播業，除了電視台，誰會用漫長的青春歲月來賭一家製作公司，相對也包含妳不會在這十年被Fire，這都歸於我有一個不說「NO」的特質。

當時老闆魏約翰說我最大的優點是「不說NO」，老闆家中少了生活用品，我買！業務部應酬要節目部去洗客戶腦，我陪！辦活動歌手沒到，我唱！拍戲要Fire資深導演，我頂！催劇本在編劇家死賴不走，我等！……因為在我完夢的旅程沒有說NO的因子，即使傷心、灰心、難過、再難過，都會擦乾淚水，還是笑笑地承受。妳看，夢想多偉大呀！現在想來，不說NO，是個藝術，其實就是傻得可愛。它！讓老闆看見妳，讓貴人看見妳，讓一切可以幫妳的人看見妳，更可以讓自己看見「妳」到底有多少能力。

我二十六歲就掛名戲劇製作人，快速爬到這位置，在當時是很困難的。有人說我幸運，這必然；有人說我辛苦，這也必然。因為在我的夢想裡，從來沒有懷疑過。

在「綜藝節目」，學習臨場的應變與機智。

在「中視劇場——花系列」，向專業優秀的長輩編劇們學習技巧與結構（其中有許多經典名著）。

《光陰的故事》，讓我了解掌握市場的社會情緒（當時雷曼兄弟倒閉，想喚起單純的年代）。

《犀利人妻》，為撫慰同學受傷的婚姻。

《女王的誕生》，更為職場上努力不懈的女性加油。

我的故事，還會繼續，我的夢也還在築更高的天地。夢想讓我更堅強，對幸福更感恩！

女孩們，找一個可以堅持的東西，而且不計代價去完成，妳要的成功，絕對不遠了。

“永遠不要看輕自己，每個人都可以有自己的夢想，
但是要實現夢想，卻需要堅毅的耐心，遠遠超過100%的努力。”

If you don't chase your dreams,
you will never catch them.
一個不被追逐的夢想是永遠不會被妳捕獲的。
—— #LGBD#THE DREAM COLLECTIVE

王陳彩霞

夏姿・陳（SHIATZY CHEN）設計總監

誠懇·奮鬥·築夢踏實。

生長在一個有七個孩子的家庭，身為長女，我從小就想盡辦法要幫忙分擔家計。許多人問我為何選擇服裝設計這一行，其實理由很簡單：我必須選擇一個自己既喜歡又可以不斷有收入的一技之長。儘管我很喜歡上學，不得已還是在小學畢業後，就開啟我的工作生涯。

學習過程的甘苦說不盡，但是我永遠相信「勤能補拙」的能量，這和一個人的能力無關，全然是工作的「態度」，才能走到另一個高度。學習技藝必須仰賴師父引進門，真正得到功夫要靠自己努力耕耘；記得剛開始學習裁縫之初，我永遠是那個最早到、最晚走的人，為了希望能快速學成，我比任何人都願意做、願意學，即便常常不屬於我的份內之事，也很主動參與完成。

也因此，比我資深的前輩們都很樂意教導我，自然而然我就比別人學得多、學得快。我深信這個道理可以運用在各種工作和領域——加倍付出，必有收獲。

一九七八年創立「夏姿・陳」（SHIATZY CHEN），是我人生的轉捩點：從謀生的一技之長，轉變為專業的時尚品牌經營。然而，我也從不選擇走簡單容易的路，當時臺灣時尚界滿是崇洋哈日的風氣，讓我下定決心開創自己的風格，便開始鑽研西方立體剪裁技巧，並結合東方元素和精緻的手工刺繡，自我期許能設計出獨一無二的服裝系列。

剛開始並沒有人看好夏姿．陳，堅持走過三十六個年頭，我們漸漸走出自己的路，如今夏姿．陳加入巴黎時裝週已經第十二個季節，然而直到踏上巴黎時裝週，我才重新認知自己在國際上的定位，眼看前面還有更多艱辛的路要走，只有倍加努力，才有機會到達成為百年品牌的境界。

人生沒有捷徑。至今我仍然認為自己只是一名工匠，不斷尋求更好的布料、技術和剪裁；好多年輕人想當「設計師」，殊不知在成為任何「師」之前，相對要付出多少時間和努力，才不會辜負「設計師」這個稱謂。

學無止盡，人生是公平的，因為每一個人每日都只有二十四小時，端看自己如何運用；如果問我到目前為止有什麼遺憾，那就是我希望自己可以有更多時間

讀書、學習或是重返校園。

我相信每個人頭上都有一片天，千萬不要有太多的「怨氣」：怨父母、怨師長、怨同事、怨老闆、怨環境……只要肯努力，就會有成功的機會。

然而「成功」的定義因人而異，成功不僅僅是追求財富或功名，不妨可以思考自己在每個人生階段想留下些什麼？凡事全力以赴，一切都不會白費。

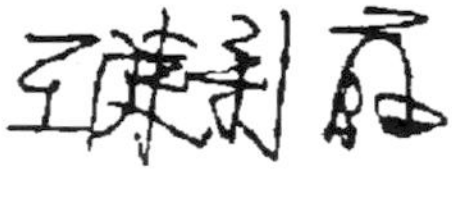

“學習過程的甘苦說不盡，但是我永遠相信「勤能補拙」的能量，這和一個人的能力無關，全然是工作的「態度」，才能走到另一個高度。”

江威娜

永豐銀行總經理

想要走上高處，
先自低處起身；
行向遠方，
則從腳下踏起。

近年來全球經濟環境面臨許多挑戰和難關，在外在環境的競爭下，臺灣的年輕一代更要重視個人學習及掌握人生方向，在成長與探索的過程中，發掘個人優勢。身為女性，我們擁有更多的性格優勢，可以勇敢也可以溫柔，懂得兼容並蓄的處事態度，就能讓性別成為妳的職場優勢。

勇於挑戰　包容改變

古人形容女人像「水」一樣是萬變的，「水」更是唯一不受自然界通則束縛的物質，可以無形四散、隨著環境調整樣態，也可以堅韌剛強、突破眼前的藩籬。這樣的性格優勢讓我們在快速變化的環境中，能夠接受不同的聲音，但同時也要具備不害怕改變的信念，才能以包容的力量取得更多的突破。在職場上，女性若能勇於接受挑戰並抱持樂於學習的精神，放下自我主張，主動提出想法和建議，成就與肯定也會隨之而來。

選你所愛　愛你所選

在選擇人生的方向和目標時，當「願景」確認之後，一旦機會來臨就要毫不猶豫地迎向前去。我喜歡求新求變，所以從一位高中老師，決定轉換跑道變成系統工程師，再到信用卡國際組織，直至現在的銀行業。不論在哪個崗位或哪個職務，我都告訴自己，一旦選定方向之後，就要堅持努力；下了決心便全力以赴。雖然工作中難免遇到不順利或不愉快的事，但當接下任務，就不能抱怨，一定要坦然面對，冷靜處理，方能完成要達成的任務。

建立紀律　創新突破

帶領一個團隊，我常囑咐下屬「紀律」和「創新」具有相同的重要性。「紀律」，可以保證團隊處於一個良好的環境，互相不違反規則、相互尊重，這是首要條件；「創新」，可以讓團隊更有競爭力，產品服務和解決方案的創新，正是競爭力的來源。今天能夠身為管理者的角色，是因為過去不斷地學習，讓我擁有多元的性格，可以是勇敢前瞻、追求突破，也可以是柔和謙卑、扛下責任，但在我心中唯一不變的，就是擁有明確的目標，建立紀律，創新突破。

“每一個今天過後，無論成功或挫敗，「明日再戰」。”

最後獻給未來的女性領導者，想要走上高處，先自低處起身；行向遠方，則從腳下踏起。每一個明天，都是新的起點；今天懂得羽扇綸巾從容下台，下回就還能雄姿英發再打天下。所以我時常告訴我的夥伴，每一個今天過後，無論成功或挫敗，「明日再戰」。今天很成功，該慶祝，明日再戰；今天很糟糕，沒關係，明日再戰。因為這句話讓人有不斷前進的力量，能夠重新調整自己、再一次接受挑戰，邁向下一個巔峰。

江威娜

何薇玲

全球一動董事長暨創辦人

勇往直前，永不失去熱情。

我出身在一個平凡的臺灣家庭，沒有顯赫的家世，也沒有優渥的環境，從臺大歷史系畢業後，因緣際會下隻身前往舊金山大學求學，投入全然陌生的電腦領域，畢業後就順理成章的在矽谷求職，然後再回到臺灣發展。

在那個年代，物質並不富裕，一個人在國外求學是非常辛苦的事，沒有「LINE」、也沒有「Skype」，唯一能與臺灣親朋好友聯絡的方式，只有以秒計

費的國際電話、需要漫長等待的國際郵件與代價高昂的國際機票。到了國外，就只能靠自己了，那個年代的留學生都一樣，靠著打零工微薄的薪水，住在狹小的宿舍中，出入靠大眾交通工具，月底錢不夠就步行，三餐常常只能蒐集報紙上的優惠券去吃速食店，一年只吃過一次漢堡打牙祭。也因為這樣的「飢餓感」使然，讓我們這一代的人在工作上十分拚命，回顧三十多年的職業生涯，不僅親身經歷美國矽谷的茁壯，也目睹了新竹科學園區的建立與轉型，更見識到臺灣個人電腦產業在國際市場上披荊斬棘，讓代工的市佔率從一開始的個位數，成長到全球百分之九十九的個人電腦都是由臺灣製造。

但這樣的盛況正在改變，因為妳們少了一股「飢餓感」驅使妳們前進。也因為這樣，在我離開企業領導人的職位並沉潛了一陣之後，決定在臺灣面臨產業轉型之時回饋社會，大膽地在中年走上這條創業路，而選擇行動網路，是因為我看到了行動網路的無限可能性；它不僅僅是一個事業，還是能幫助下一代年輕人創業的禮物。它承載的不是E-mail，不是多媒體影音，而是夢想和未來。當然創業這條路上是漫長且艱辛的，能走多遠要看妳的意志力有多強，過程難免有挫折也會氣餒，但卸下戰袍後，回到家有人為妳擦眼淚，就能帶來前進的動力與持續的意志力，因此幸福家庭也是邁向成功之路不可缺少的重要因素。

近幾年，行動網路的普及讓網路上的「微創業」變得可行，如果把國外優良的行動網路環境搬到臺灣來，就等於把這些新的商業模式引進臺灣，推動臺灣的「微創業」，讓年輕人能夠擁有國際化的眼光，獲得國際化的資源，思維不再侷限在臺灣，而是能觀察到跨國性、全球性的需求，以及行銷與服務，培養妳們的「飢餓感」，並且善用科技資源工具，讓妳們的創意可以透過行動寬頻網路來發揮與實現。

俗話說「江山代有才人出」，幾年前，「Google」如日中天，是網路業的龍頭，創辦人賴利．佩吉（Larry Page）成為網路界的意見領袖，誰想得到之後「Facebook」以前所未見的速度襲捲全世界，創辦人馬克．佐伯克（Mark Zuckerberg），以一個二十二歲的年輕人之姿，打敗了身價上千億美元的跨國公司Google，成為新一代的網路領導者；所以對於妳，我也希望妳能深入地思考自己想要的是什麼？不用擔心做不做得到，因為夢有多大，能力就有多強！不要因為還年輕就忽視妳的影響力，要相信「妳是未來的領導者！」

最後，有兩句話要送給妳。第一句話是：「死豬不怕燙。」這也是我的座右銘。年輕就

該勇敢去衝去闖，不要怕人家潑妳冷水或是澆熱水。第二句話是：「領導人集結眾人的力量一起去作；不怕犯錯，怕不敢嘗試。」因為大權掌握在妳的手上，企業也是推動社會進步的力量，信任自己，往對的方向去走，即使結果不理想，但整個社會也會因為妳的嘗試，前進了一大步。

何薇玲

「飢餓感」驅使妳們前進，不用擔心做不做得到，
因為夢有多大，能力就有多強！

余湘

群邑集團臺灣分公司董事長

想成功，要先不害怕成功。

如果妳有三個哥哥，妳是最小也最受疼愛的女兒和妹妹，後來還因為得到游泳全國冠軍，可以保送國立大學；如此看來，只要不太意外，妳這一生應該能平順、安穩地度過。這樣的妳，有勇氣跳上火車，遠離一切舒適條件，邁向不可知的未來嗎？這個問題的答案沒有對錯，我只想告訴妳，踏上火車的那一刻，我心中沒有膽怯，跟游泳一樣，我只是選擇不斷前進。

所以當我離開臺東隻身來到臺北，心裡也只有一個念頭：我一定要闖出一番事業。後來，歷經「李奧貝納」、「奧美」到「聯廣」，我擁有人人稱羨的職位與待遇，出入有司機接送，但卻在此時開始思考，要留在這個舒適圈嗎？當然不。於是我離開聯廣，自行創業。多年努力後，終於能用自己的力量買下老東家——聯廣集團。

但世界不是全然公平，同為女性工作者，我清楚明白這個社會對於男性的成功給予高度認同，卻漠視女性的成功，甚至加以貶抑。面對這樣的社會氛圍，多數女性會開始隱藏自己的能力，質疑成功要面對的代價是否過高，甘於平凡安穩一生，認為這是不是更好的選項。說白一點，有些年輕女性會開始擔心，女強人是不是比較難找對象？自己的成功是不是會給另一半壓力？或家庭照顧又該如何兼顧等，這些問題在亞洲女性身上特別嚴重。

我不是心理專家，無法對這樣的心理障礙提出明確有效的建議。可是我一直是這樣想的：成功絕對不是男性專利！女性的柔軟與彈性，在職場上更能游刃有餘。家庭或照顧孩子，也不是女性一個人的責任，妳應該要和另一伴共同分攤。我們反過來想，與孩子的相處是無法取代的感情經驗，這麼棒的事情我們是不是也該讓男性體驗一下。至於女強人是不是難找對象？這其實和工作一樣，妳得先投入才行，如果老是喊著沒空談感情，不管是不是女強人，都很難有好的結果。

過去不管我身在哪一個位置，媒體企劃、總監、總經理，或現在的「GroupM群邑集團」董事長兼總裁，我對家庭的重視從未改變。我每天都要回家和家人一起晚餐，不必要的應酬我不會參加，因為對我來說，工作、家庭從來不是選擇題。成功確實要付出一些代價，可能是時間、休閒，或一些人際關係，但這個代價絕對不包括家庭。

不過人生無常，妳面臨的挑戰可能來自各個方面。二〇〇八年，不煙不酒不熬夜、按時上下班的我，生了一場大病。在十三天內開三次刀，其中五天還成為植物人。但在先生、孩子、家人、同事與朋友的呼喚下，我奇蹟似地清醒並逐漸恢復。我想老天留下我這條命，是要我發揮更大的價值。所以我持續對工作熱誠、對朋友慷慨、為弱勢團體發聲，盡我的力量做更多好事。我不要讓自己的人生有遺憾，希望妳也一樣，無論是付出給家人或追求妳的理想，一切都要及時，只要機會到手、能力所及，就該盡力去做！

從現在到未來，女性地位只會愈來愈受重視，妳應該要更有信心。所以，跳上火車吧！成功真的一點都不可怕，只要相信自己做得到，全宇宙都會站在妳這一邊。

“成功真的一點都不可怕，只要相信自己做得到，全宇宙都會站在妳這一邊。”

When everything seems to be going against you, remember that an airplane takes off against the wind, not with it.

當你感覺萬事都和你作對時，要記住，
航機在起飛時都是逆風而上，非順風而行。

——亨利·福特（Henry Ford）

吳小莉

鳳凰衛視資訊台副台長兼首席主播

想要事業成功，就讓性別成為妳的資產而非負債。

每個人都可以創造品牌，世界上最好的品牌就是自己，這個品牌也許世界聞名，或在自己所屬行業當中人人皆知，不論是哪個階段或是層級，它的前提都是認真做好自己，把自己當成一個品牌。品牌是否具有商譽、信用、個性，都需要一點一滴長期累積，每一個小的累積，意味著不論妳從事什麼樣的工作，縱使非常卑微，如果妳重視這個品牌，把它做到最好，面對所交付的每一份工作，都能有創造性地付出，而不僅是完成交待的任務，為自己帶來讓他人刮目相看的重要

機會，這就是建立個人品牌。

在工作上常看到新進職的員工，對於和同輩之間工作量的大小、薪資的高低、是否被公平對待而斤斤計較。這讓我想起佛家語有說：「世人總看果，佛陀總問因。」與同輩同時進入職場，如果發現有些人會晉升得比較快，但自己總是原地踏步，若因此覺得這是世人的不公，不能理解，只看結果而不去問原因，結果就會很難被改變，這也是新進職員最容易產生的誤區，就是眼高手低。眼高手低時，如何把自己的手慢慢地放到和自己的眼睛一樣高的水平，就是一個很好的學習過程和學習機會。現代女性若能具有謙遜、善良的人格特質，在職業能力相同的情況之下，也能夠讓妳周圍的人感覺更放心、舒適，願意共處、共事。

另一個面對工作態度的守則，是盡量不要把問題上繳，新進同仁常易犯的錯誤，是遇到問題舉足無措，問題上繳，直接讓領導去解決，但是如果具有創造力的工作者，他能看到問題並且在能力範圍中，找到不同的解決方案，再一併送給領導決定，這樣有創造性思考的新進工作者，必會讓他的上級「驚豔」，在建立個人品牌的同時，也奠定好的口碑和基礎。此外，新一輩工作者的抗壓能力，因為選擇性比較多而相對減少。對所有負責任的工作者來說，把手中的事完成才轉身離去，是不論在哪一段工作關係中，都能圓滿處理的好方法，而不是在自己覺得壓力過大時，轉身就走，這不只是關乎職業態度，也關乎一個人的人生態度，要避免「只撞今天的鐘，不問明天果。」的處事方法。

⋯

對我而言，挫折和磨練是一件事情兩面的看法，有些事情發生了，如果把它當作挫折，就會在心中留下陰影，但是，把它當作歷練，就有機會從中學習經驗、教訓，因而成長。我是一個樂觀派，solution oriented（尋找解決方案導向性）的人，每當遇到問題，尋找出解決方案後，下一步就會忙著解決方案的執行，不會再去想這是一個挫折，而是當作是一個經歷和歷練的機會，所以縱使遇到人生的選擇題，我也能夠勇於下決定，我了解職場上的重要選擇所具有的風險性就像噴水池一樣，不是往上迸放，就是往下一瀉千里歸零的風險，但是不斷往前進，能力才會更強，因此在人生的過程中，必須不斷儲備自己，在面對重要時刻就是這種儲備的展現。

當我在職場上衝鋒陷陣的時候，難免還是會左顧右盼、害怕競爭，但是我的伴侶曾告訴我：「為什麼賽馬在進入賽場的時候都要蒙上眼睛？因為要讓牠一心一意，心無旁騖，不管周圍的環境，也不論自己是在第幾名的情況之下，發揮最好的能力、往前衝刺。」我覺得這句話適合送給所有的朋友，做任何事情，都不是跟他人比較，而是跟自己比較，因為在人生的賽場上，不論妳是領跑者，或是墊後者，在自己的跑道上，沒有別人，只有自己。

想要達到事業成功，就讓性別成為妳的資產而非負債，善於學習，對知識如同加了過濾網的吸水海綿，在篩選之下大量吸收，以學習的態度面對每一樣新生事物。並且在適當的時候，做適當的事，因為有些安排過了就不再有機會。人生很美，美在它的不可預知，美在妳每往前衝刺一步，都可以看到一點成績，但是，人生也很短，有時候最大的成就，不只是成就自己，而是將自己的人生減少遺憾。一切皆有可能，趁年輕、莫遲疑、一步一臺階，就能遇見最好的自己。

“做任何事情，都不是跟他人比較，而是跟自己比較，因為在人生的賽場上，不論妳是領跑者，或是墊後者，在自己的跑道上，沒有別人，只有自己。”

周筱玲
元大寶來期貨總經理

將每次的挑戰
都當作是
自我淬鍊的歷程。

「人生有夢，築夢踏實」是我在大學畢業紀念冊上所說的話。記得畢業後應徵的第一份工作是需要碩士畢業生資格，而當年我以初生之犢不畏虎的勇氣，用心設計履歷表而幸運獲得面試機會，一路過關斬將，最後竟然可以打敗眾多碩士生獲得那份工作。我相信每個人都有無窮潛力，關鍵在於妳是否勇敢追夢，把自己的潛力充分發揮！

在職場生涯中，我很珍惜每個機會，勇於任事，全力以赴，從基層一步一腳印當上千人總經理。我覺得自己很幸運，一路上遇到許多貴人——主管提拔我，給我舞台發揮；同仁支持我，讓我總能帶領團隊繳出亮眼成績單。雖然在這過程當中，難免會遇到許多挫折與失敗，但我總告訴自己要用正面積極的態度處理，我相信「態度決定高度，氣度決定寬度，格局決定結局」，這樣的信念讓我堅定面對一切。

面對改變、擁抱改變，妳才能夠真正掌握並且改變自己的人生，將每次的挑戰都當作是自我淬鍊的歷程，遇到瓶頸困難，除了反省與請益外，我選擇再回到學校充實自己，為未來做準備。身在金融業的我認為「學習是一輩子最佳的投資」，而我也很幸運得到許多教授名師指導，讓我醍醐灌頂；另一方面在工作之餘，同時也參加各式公益或學習性社團，增加閱歷，服務奉獻，拓展人脈，向各行業的先進學習他們的優點。也因此讓我能在激烈的金融業中脫穎而出，有機會和銀行、證券、投信、期貨四大領域不同的菁英團隊，共同創造屬於我們的歷史！

認真的女人最美麗，作為一個新時代的女性領導人，我認為姐妹們要用「美的力量（Beauty）」，來創造幸福快樂的美麗人生——

「Balance」**平衡人生：**追求事業成長與自我實現之際，不要忘了在事業與健康間平衡，在家庭與工作間平衡，在工作與休閒間平衡，在獨立與依賴間平衡，唯有身心靈平衡能成就美好生活，別忘了家人永遠是我們最大的支持力量。

「Elite」**菁英典範：**問問自己妳想成為什麼樣的人？設定目標努力逐夢，讓自己更專業、更優秀，能服務更多的人，成為社會的中堅，能帶動更多的人，用妳的宏觀擘劃願景，用妳的智慧擬定策略，用妳的毅力落實執行，帶領妳的團隊打造成功方程式，成為被學習的典範。

「Attitude」**態度正面：**有人說，大多數的ＣＥＯ是靠著態度達到目前的位置，用妳優雅的言行舉止與不卑不亢的態度，打造個人的獨特領導魅力，用妳的幽默化解一場紛爭，用妳的熱誠積極感動客戶，用妳的光明照亮黑暗面，用妳的激勵推動組織從A到A^+。

「Understand」**了解包容**：如何發揮同理心，學習傾聽與了解也是很重要的，要了解客戶的需求、同仁的需求、主管的想法、競爭者的想法……透過自我探索，了解自己的不足與所長，才能改進與發揮。我們感謝有些人不用言語，只要一個眼神就能了解妳的心意，一個擁抱就能溫暖妳的心房。

「Together」**相偕合心**：打造高效能的團隊，要培養團隊的凝聚力與共識，重視妳的團隊夥伴，支持他們，肯定他們，和夥伴們同甘共苦，一同學習，一起成長，帶給他們希望與未來，善用團隊的力量，成就更大！當妳用心、耐心、細心成就他人的同時，妳也成就了自己。

「Youth」永保青春：儘管歲月會催生白髮、會刻劃皺紋，但用妳豐富的經驗當面膜，滋潤年輕的一代，用妳的創意打造活力團隊，注入新思維。保持一顆赤子之心，凡事好奇，凡事有趣，凡事感恩，笑口常開，常保歡喜心，才是真正永保青春的祕方。

總之，如果我們待人熱情有溫度，提攜後輩有氣度，決策行事有速度，剖析事理有深度，求知學習有廣度，國際視野有高度，善用女性的特質與智慧，一定可以打造自己生命精采的扉頁！

“「態度決定高度，氣度決定寬度，格局決定結局」，這樣的信念讓我堅定面對一切。面對改變、擁抱改變，妳才能夠真正掌握並且改變自己的人生。”

洪蘭

中央大學、臺灣聯合大學系統講座教授

作出
最有智慧的選擇，
決定一生成敗。

我是二次世界大戰結束後，出生的第一代嬰兒潮，在我的童年，臺灣還是非常貧困並且重男輕女的地方，我有同學是養女或童養媳。我父親是公務員，微薄的薪水要養六個孩子是很辛苦的事，尤其六個都是女孩。我祖母三申五令要我母親把女兒送給別人作養女，我母親都捨不得。有一個妹妹（老五）被抱去了三天，又被母親抱了回來，她說：「一枝草、一點露，每個人少吃一口，這個孩子

就養活了。」我也非常感激我的父親在那個封建的時代、艱苦的生活中，不在乎別人的眼光，讓我們六個姐妹念到大學畢業。我們都了解一定要念國立的學校才有書讀，所以在課業上都全力以赴。

父親常說：「要學就好好學，不學就把機會讓給別人，不要浪費自己的時間。」這句話幫助我在人生的路上堅持下去，碰到挫折時，就問自己：「我做得來嗎？需要把機會讓給別人嗎？」這樣一問就馬上激起鬥志，為什麼做不來？別人能做的我也能做，所以，雖然跨院轉系念博士很辛苦，最後也讀下來了。人生不是贏在起跑點，而是贏在轉折點，我們每天都在作各種選擇，如何作出最有智慧的選擇，才是決定一生成敗的關鍵，童年的辛苦對我們反而有利。

在美國，同工並不同酬，男生一般薪水都比女生高，一開始我會生氣，但是想到我母親說的：「自己生氣沒有用，要做給人家看，讓人家服氣。」所以我比別人加倍努力，每天都到半夜才離開實驗室。一旦成果出來，別人來邀請我去演講後，老闆看到了，薪水也就升上去了。若是沒有童年對重男輕女觀念的不服氣，我可能就像很多女性一樣「認命」，就不會努力去證明給人家看，也就走不出自己的路了。我們常把時間花在抱怨上，忘記了抱怨像騎木馬，它讓妳有事做，卻不會前進一步，若把抱怨的時間拿來做事，事情就做完了。

⋮

當我翻譯了五十六本生命科學和大腦的書籍後，常有人問我：一樣都是二十四小時一天，妳為何能比別人多做一些事？其實差別就在利用零碎的時間上。我每個月要寫八篇專欄，我必須一直不停地讀新書、看新的報告，我就利用搭公車、捷運或高鐵的零碎時間去讀書。父母養成我這個利用零碎時間的習慣後，我真的覺得比別人多了一些時間來支配，做起事來自然也就比別人從容一些。

小時候，家中凡是可共用的東西都只有一份，大家合用，養成我們姊妹們「貨惡其棄於地也，不必藏於己」的觀念，能幫助別人時，盡量幫助。我母親常說：「不要愛惜勞力，力氣是不花錢的，睡一覺它又回來了，幫助別人是積陰德，它不但可以學到新知，還可交到新朋友。」後來我去美國念博士時，因為跨組，從原來讀的法學院跨到心理系的理學院，在實驗上有很多需要別人幫忙的地方。我謹記母親「不要愛惜勞力」的教誨，平日同學搬家，別人家請客要幫忙做菜、做點心，修改衣服，我都出力（早期的女生出國要會三刀——菜刀、剪刀、剃頭刀），所以後來寫論文時，有同學肯把他實驗室的儀器先讓我用，使我能順利畢業，去接已經講好的工作。

現在回想起來，我這一生得到很多貴人的幫助，都是因為小時候父、母親教我們做人做事的道理，使別人願意幫我的忙。人生的路很長，很需要朋友的陪伴與幫助，人脈也是成功最重要的因素。有句話說得好，「財富是暫時的朋友，朋友是永遠的財富」，只要妳是個表裡如一的人，就能交到真心的朋友。

太陽底下沒有新鮮事，今天發生在妳身上的事，都曾經發生在不同的時間、不同的地點、不同的人身上，別人解決問題的方法就是妳的範例。孔子說：「不知史，絕其智；不讀史，無以言。」聰明的人用別人的經驗改進自己的處境，路是人走出來的，智慧地去作決定，全力以赴地去執行，持之以恆，成功在妳的掌握中。

洪蘭

“人生不是贏在起跑點，而是贏在轉折點，我們每天都在作各種選擇，如何作出最有智慧的選擇，才是決定一生成敗的關鍵。”

陳碧華
克麗緹娜集團董事長

以愛為本，用心出發，踏出夢想的每一步。

每個人在設定目標時，都有背後強大的動機形成強大的動力，當然我也不例外。六〇年代出生的我，那時候的背景恰好是農業社會跨到工業社會的進程。物資缺乏，年輕父母為了生存而奮鬥，過著富裕無憂的日子是種單純的願望，而這願望在父親艱辛奮鬥下實現了。五十歲的父親從研發生產化妝保養品，轉型經營品牌渠道取得了成功。而我也成了企業家第二代，這樣的光環讓我驕傲也承受著

壓力。被派遣到中國市場十七年了，經營三千多家美容加盟體系至今，仍抱持最原始的初衷：使命感、關愛與信仰，成為我持續努力而成功的三大因素。

對我而言，做事與做人的尺度，在家族企業中仍然是個挑戰。全力以赴地衝刺事業，而缺乏圓融的性格，使我在拓展工作的事業版圖時，面臨許多難題，常常引起他人的誤解，但其實也是這些年在大陸所培養出的樣貌，與其說經歷挫折與失敗，不如說自我內心投射出的人我關係之緊張，影響到家庭、朋友。所以宗教信仰、待人接物的圓融是我最重要的功課，而我也一直謹記著父親教導：要讓自己的心胸「寬闊再寬闊」，秉持著堅定的信念挺身前進，邁向目標的道路才能夠走得勇敢又坦率。

女性在職場上有先天的不足，家庭與事業難以兼顧，身兼多職的我們，期望做到盡善盡美，卻時常讓自己感到疲憊不堪。出差與加班常會對家人感到愧疚，但若男人如此，就是家庭裡的樑柱英雄。天生兩性不平等，所以正確的態度及正確的方法就相形重要。因此與其試著兼顧一切，不如學會把注意力放在重要的事情上，停止內疚的想法，告訴自己「完成」比「完美」更為重要，當設定好可達成的未來目標，劃清界線、堅持下去，投入的力道要到多少由自己決定，做出自己能做的最好選擇，才是成功的定義。

⋯

因職務關係結識許多企業領導者，我發現成功人的特質就是：誠信、努力、善於溝通、注重細節及面面俱到。上述所提到的幾點，也許需要經驗的累積和磨練，但所有一切的基本都關乎於「態度」，所以女性朋友剛進入職場時的第一課，要端正態度，努力學習，不管妳曾經多麼有成就，但是到了一個陌生的地方，妳就是新人。公司文化、組織文化都是潛心學習後，再貢獻力量於改革或融入配合，以取得順理成章的領導力，因此態度是入門的關鍵。並且在職場上要能取得上司主管的信任，以女人柔軟的天性連結人脈，善用女性特質，讓阻力變成助力。並時時提醒和詢問自己為何而戰？為何而活？如果不明白，就像時下懵懂的青年人沒方向感；但是太明白了，環境一變化，對於目標設定與執著就是很大的考驗了，因此，確認方向還要能夠隨機應變，才不會淪為空有抱負理想而沒有執行力。

達到成功的路徑與方法有很多，時時檢視自己是否行在正確的道路，並且要能夠搭配身邊的環境與人事物做調整，畢竟每個人不是獨立的存在世界上，父子、夫妻、朋友、兄弟、同事、寵物等，都形成一個情感架構，依存的關係非常微妙。透過彼此間的情感交流與相互信任的過程，會讓人達到滿足，如同美國心理學家馬斯洛的需求層次理論（Maslow's hierarchy of needs），登上最高峰的就是「自我實現」，其中包含得到眾人的肯定，才能說自我實現，否則還不圓滿。所以，成功抵達目標的過程中，首要的心態是一定要懂得付出關懷、付出愛，讓團隊肯定妳，個人的價值就由此而來。

最後我想要告訴年輕女性：「女人，勇敢愛，用妳最美的姿態」，凡事以愛為本、用心出發，柔軟而堅定地踏出夢想的每一步，相信未來女性能創造更美好的世界！

成功人的特質就是：誠信、努力、善於溝通、注重細節及面面俱到。

Big things often
have small beginnings.

千里之行，始於足下。

——佚名

陳藹玲

富邦文教基金會執行董事

承認自己
有改善的空間，
妳將會發現自己
擁有無限可能。

每個人對於成功的定義都不同，對我而言，能夠享受所做的一切，無愧於自己，不浪費上天給妳的資質，並且把它發揮到淋漓盡致，那就是成功。身為女性，我們的存在為社會帶來穩定的力量，無論妳是在哪一個年齡層，進入家庭或是職場，有一人之力服一人之務，有千百人之力就要服千百人之務，尤其當經歷增長，發現自己擁有的資源比別人多時，更要懂得發揮自己的影響力。就算世界

不夠美好，生活中還是有許多小事值得妳去努力，以服務的心作為出發點，啟發更多人心中的良善，這樣的胸襟更勝過追求自我的成就。

樂於學習　創造機會

現今職場裡人才備出，聰明的人卻時常不願意多付出，但在工作場合裡，機會可能以不同方式呈現。年輕人要懂得看到無形的價值而非有償的報答，尤其在社會發展如此快速之際，釋出的機會少，補滿的速度快，不要放棄學習機會，發掘自己的長處，創造自我價值。現在很多工作機會是過去十年沒有的，代表著未來三到五年內，會有更多職位機會被創造，所以更要隨時預備好自己，因為機會只留給準備好的人。

挫折是鞭策進步的動力

回想大學畢業後準備赴美攻讀碩士的我，想從新聞轉換到廣告科系，而進入當時知名的廣告公司實習。由於部門人員編制小，領著七千五百塊的實習生月薪，除了做正職人員的工作，還需負擔額外雜務，但我熱中於每一個學習的機會，也因此那段廣告生涯過得豐富又精采。之後因為父母的鼓勵而重返新聞產業，當時「台視新聞部」的陣容都是一時之選，縱使薪水不算豐厚，行頭需自行打理，一人當多人用，但我得到許多珍貴經驗都是無法用金錢衡量的。

記得剛進去新聞台沒多久，我就被賦予重任播報新聞。缺乏經驗加上當時流行美式的口語播報風格，使我常在沒有稿頭的情況下需即席播報，還因而被封為「螺絲女王」。直到某一天被主管召見，他發下最後通牒，告訴我若表現不佳將不會再有第二次上線的機會。當時我回想起就讀北一女時，曾有進入儀隊的機會，但因個性反骨而錯失良機。從此我就抱持著破斧沉舟的心情，每一次上台都當成只有一次的機會，當心態調整，就可以感受進步的速度。批評的聲音有時可能讓人一蹶不振，但若可以分辨出惡意的打擊或建設性的批評，承認自己有改善的空間，妳將會發現自己擁有無限可能。

善用工具　分享資源

在資訊爆炸的時代，我們容易有選擇性的認知，多看、多聽、多吸收，能夠幫助我們具有獨立思考的能力，不被任何人牽著鼻子走。學習放下立場與成見，從不一樣的角度觀察事件，尤其在數位世代，年輕一代成為所謂的「數位原民」，生活一切都與新媒體息息相關，但在接受資訊的同時，也需要兼具思辨與批判的能力，善用工具建立有利於自己的參考體系，發揮公民意識，運用新媒體來回饋社會，並具備更大的包容與同理心與上一代溝通，才能建立社會共好。

面對人生挑戰，我秉持的基本態度就是「不能盡如人意，但求無愧我心」，也希望獻給現在的年輕女性。成長中難免被打擊，但切記：不能取悅所有人，卻可以做到無愧良心，隨時反省、注意自己的起心動念，相信自己，莫忘初衷。

“現在很多工作機會是過去十年沒有的，代表著未來三到五年內，會有更多職位機會被創造，所以更要隨時預備好自己，因為**機會只留給準備好的人**。”

喻幼眉
臺灣原創生活瓷器品牌 3,co 創辦人

在起伏之間
維持正能量，
是讓我繼續往前走的
重要動力。

我從小就立志當藝術家，舉凡一切跟藝術創造有關的事物我都參與，像是繪畫、跳舞、彈鋼琴、演話劇、參加合唱團，還自己設計製作衣服。沒想到在現實生活裡，學業及工作都與我的興趣差得非常遠，即使如此，我對藝術的熱愛從未忘懷。直到十幾年前，我終於體認到，喜歡藝術不一定要設限成為一個「藝術

家」，我把過去累積的貿易工作經驗，融合對藝術設計的熱情，創立了「3,co」這個品牌；它結合我的專長及興趣，走過大半歲月，終於找到了適合我的方向，體會到圓滿的意義。

創業要走跟別人不同的道路是很艱難的，每個不願隨波逐流的人，都需要創造新的思維及作法，相對來說，各式各樣的阻力也會如影隨形，所以我一路走來，深深體會「正能量」的重要性。

創業艱難容易使人感到低潮，每一天都有著大大小小的挫折與挑戰，只是看妳如何看待它，如何在起伏之間維持正能量，是讓我繼續往前走的重要動力。多年來，不管參與過多少企管課程、潛能開發、甚至於宗教，都在提倡正能量，這是宇宙不變的道理，也是幾千年來，無數的前人留給我們的座右銘。我不斷地閱讀，不斷地學習前人的智慧，透過實踐來累積我的經驗，前人留下來的果實，變成我創意的種子，每當它開花時，傳承與分享，這一切對我來說，是非常有意義的事。

相信我們都有過類似的經驗：當妳感覺不順或遇到倒楣事，不知為何它們接二連三地發生，像捲入漩渦似地愈來愈糟，當這種情況一出現，我們就要產生自覺，讓自己擁有「轉化」的力量，以化負面為正面的思維，擺脫低潮，這是一種練習，可以養成習慣要往好的、幸運的方向去思考，就會發現一連串的好事開始出現。

我們總會有「如果……、可是……」的疑問，但這個疑問只會讓自己退縮，為自己找臺階下，這不是不謹慎，但要讓自己有勇氣去試，多試多練習，最後妳會發覺它的玄妙。正面思考會帶給妳很多驚喜，會有很多奇蹟發生，這些年來我屢試不爽，這與自信不同，這是很大的「信心」，去除不安全感及腦海裡的雜音，最後它會回報給妳純粹而真摯的信念。

宇宙是一個巨大的磁場，它會聚化同一種頻率，也就是人們所說的「物以類聚」，走過這些年，經過許多風雨，更讓我永遠相信累積正能量的重要性。我相信，只要盡力做到最好，做妳真正所愛的事，自然而然就會有人欣賞，也會有貴人相助，這一切就是正能量的累積。我感謝所有欣賞及幫助過我的家人、朋友、客戶與合作夥伴，更感激這些好的能量推動著我，讓我擁有了全世界最棒的事業！

“你所擁有的力量絕對超乎自己的想像，能讓你飛得更遠、更高。

不自我設限，你實現的理想會比想像中更高遠。”

——尼采

童至祥

特力集團執行長

築夢逐夢，精采人生。

我是在嘉義縣朴子鄉出生的，父母都是老師，到臺北讀大學時，足足像個鄉巴佬進城，鬧過很多笑話，但我認為每個人都有不同的家庭背景、出生環境，只要有夢想，勇於實踐，大膽跨前，凡事都有可能。不要怕犯錯，就裹足不前，因為錯誤可以為我們帶來成長及學習的經驗，假如我們什麼都怕，處處顧忌別人對自己的觀感，就無法走出第一步。

回想我年輕的時候，因為非常熱愛在「ＩＢＭ」工作，即便已經當到行政主管，仍想有什麼方式可以在這家公司多一些歷練、有更多發展的機會？我大學讀的是外國語文系，在沒有任何技術及商業背景的情況下，仍下定決心主動請調業務單位，與其他理工科系的新進同仁一起受訓，從頭開始學習如何做sales。妳說我當時心裡不怕嗎？當然也怕！但儘管面對挑戰，我知道這是我想要的，也是我做的選擇，所以就繼續堅持朝著夢想、克服困難，往自己設定的目標勇敢地邁進。在二〇〇六年更成為ＩＢＭ在臺灣五十年來，第一位女性總經理。

在職場上，我一向認真做事，年輕時我以為自己的努力老闆應該都看得見。只要我好好做事，世界是公平的，所以老闆一定也會公平地激勵我、給我機會。但有一次我的同事獲得晉升，我原以為這機會是我的，後來詢問上司了解原因時，他說：「Sophia，妳很不錯，但我不知道妳對這個職位有興趣。妳也從來沒提過妳想要這個職位，而這位同事很清楚地向我表達過他的企圖心，同時他的表現也不錯，機會來時，我就把機會給他了。」這對年輕的我是當頭棒喝的一課，原來勇於溝通自己的想法，表達對夢想的企圖心，是那麼重要！

後來我在ＩＢＭ歷經二十個以上不同職務，再從科技業轉跑道至貿易零售領域的特力集團。過程中我更體會到職場上幾個重要的人格特質：

第一，勇於踏出舒適圈去追求夢想。人要有勇氣突破自己，做出困難的決定，即使面對挫折，也要學習不向困難妥協，愈挫愈勇。

第二，懷抱熱情。熱情是創造職場競爭差異的根本，唯有選擇符合自己個性、能發揮熱情的工作，才能愛妳所做，無怨無悔。

第三，持有正面態度。面對挑戰，我們可以選擇阿Ｑ一點，把吃苦當吃補，用正面的態度去看待考驗，並展現當責的精神，從挑戰中不斷累積自己的經驗和實力。

“面對未知的人生，冒險是無可避免的一部分，做任何決定、行動都有風險，**但不行動風險可能更大。**”

第四，展現紀律。我認為紀律其實是一種生活態度——願意挑戰自己、戰勝自己，相對地它會帶來成就感、滿足感，甚至讓個人的自尊提升，使妳更有自信，以致有能力愛自己、也愛他人。

有句話說：「如果你不揮棒，怎能擊出全壘打？」不論我們喜不喜歡，面對未知的人生，冒險是無可避免的一部分，做任何決定、行動都有風險，但不行動風險可能更大。人生的選擇權其實在於自己，女性們若認知到選擇權是在自己手上，就該勇於冒險去追逐夢想，不畏挫折，並以熱情、正面態度，加上紀律，主動積極地為生命負責。儘管面對各種環境，亦能勇敢地表達企圖心，為自己創造有利的機會，做一個真正「操之在我」的人，活出精采人生！

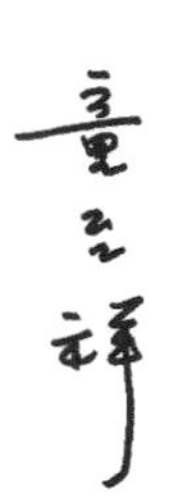

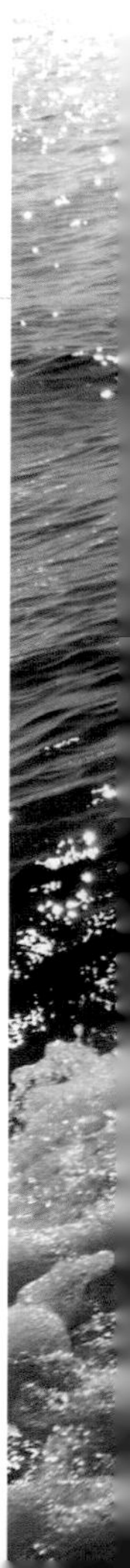

楊惠姍

琉璃工房創辦人暨藝術總監

永遠不說不！迎接妳生命的每一個可能性。

我算是晚熟型的人，並不是從小就知道要做什麼。我的人生事業路，其實非常被動，不論表演工作或是進入琉璃藝術，都算是意外的人生，但一旦走入，就走得很深，我會用最大的努力去彌補經驗的不足。

我經過十二年的電影生涯，演過一百二十四部電影，就像經歷了一百二十四

種人生；一九八七年創立「琉璃工房」之後，學習雕塑，學習琉璃脱蠟鑄造法，二十六年來不斷地學習，可以一直到今天，是因為我喜歡工作。當有人給予我任何機會的時候，我從不逃避，從沒有說不，我只想著一件事：我要如何做好它？有了這個心態，從此框架打開、海闊天空，什麼都可以做，都可以從中學習與累積經驗。

以前曾經有很多可愛的小朋友來淡水琉璃工房參觀，他們看到我在雕塑，好奇地不停東摸摸、西問問，於是我問他們：「琉璃漂不漂亮？」他們答：「好漂亮！」我問他們：「那想不想要學做琉璃？」他們答：「不想！」我笑著問：「為什麼不想？」他們說：「因為不會！」

可是我就想「不會為什麼不學習去做？」學習去做，對我來說是很重要的，因為我一直覺得學習在我生命裡佔有很重要的部分，沒有學習，我的人生簡直是乏味，學習帶給我很多樂趣，也帶給我很多的知識。電影對我而言，也是從零開始，因為我不是學電影的，所以在電影生涯裡的十二年學習，對我來說，充滿了美好，因為所有的東西都必須去學，每天都有新的事物讓我有很多的驚喜，就算這個驚喜的開頭有些痛苦。從表演工作轉換到琉璃創作，驚喜每天都在上演，雖然這份驚喜在一開始的階段，絕對是很痛苦的，永遠只有撐到最後的人，才能懂得享受其中的樂趣。

在琉璃工房也是一樣，我從來沒有想過它可以賺多少錢，只想應該怎麼做會更好。我的概念就是「不可以放棄」，一放棄就歸零了，要繼續往前走，也因為我們有很多的工作伙伴，大家心念是一致的，所以在遭遇挫折的過程中，可以一起面對，想著往前走，「永遠不斷地有益人心」是一個很好、很重要的力量。

如果問我覺得這些年不間斷的工作裡，學到了什麼東西，而值得跟大家分享的，可能只有一個重點：要真的愛妳的生活，愛妳的工作。

我給年輕女孩們的一句話就是：「永遠不說不！」要迎接生命中的每一個可能！用積極的態度面對自己的人生，別人就會看見妳的努力。

楊惠姍
Loretta Yang Huishan

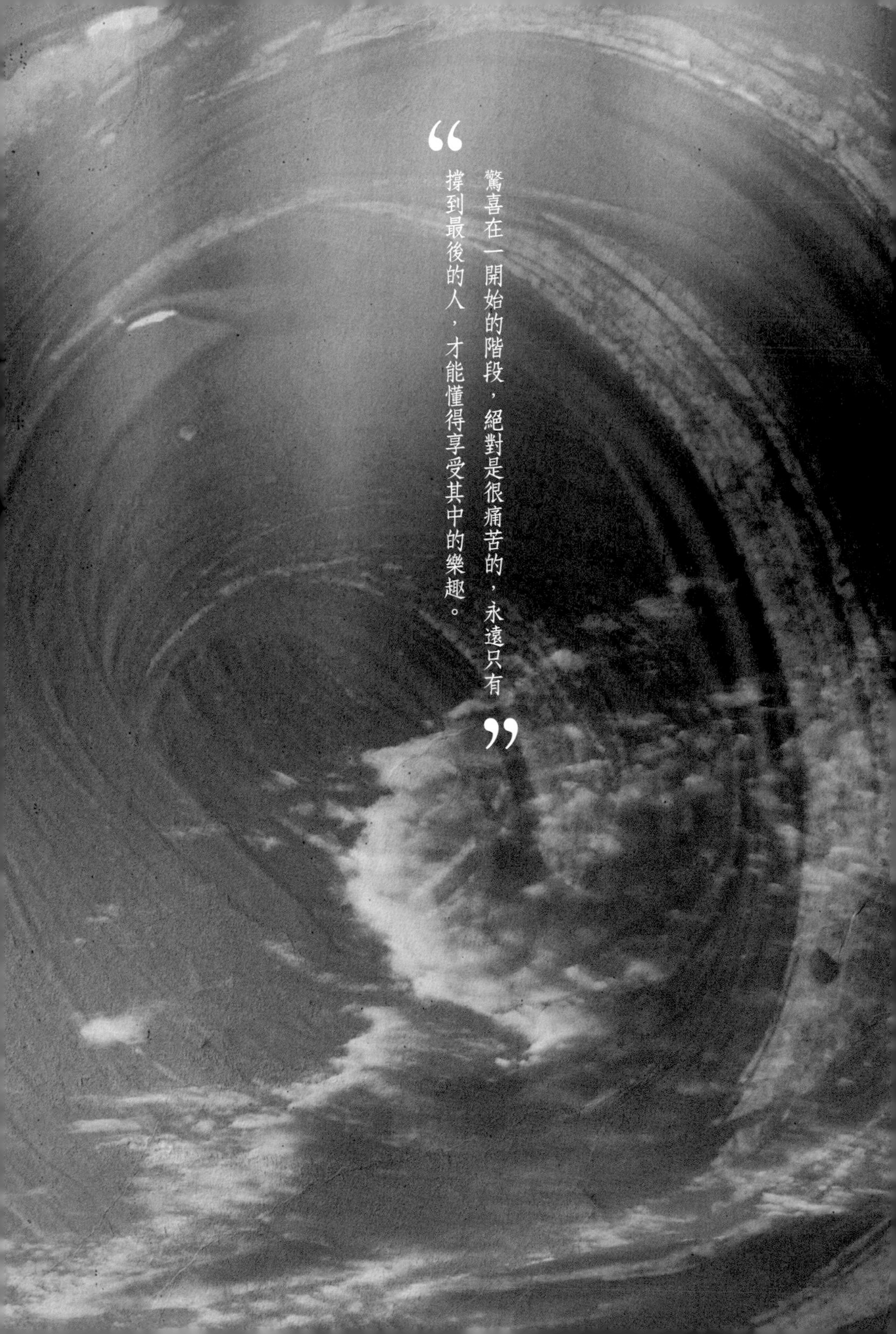

“驚喜在一開始的階段，絕對是很痛苦的，永遠只有撐到最後的人，才能懂得享受其中的樂趣。”

溫慶珠

知名服裝設計師

纖細的力量。

「夢想與理想，只有一線之隔」，當有人問我關於夢想這件事時，我往往都會這麼回答！而對於自我認識這方面，如果妳夠智慧，再加上幸運——夢想是可以起飛的。

「時尚」這個行業好似二十一世紀的競技場，在CoCo Chanel（可可．香奈兒）那個戰亂的年代，女性可以擁有事業，並照自己的意願去過人生，成立一個設計師品牌，幾乎是不可能的！而在網路資訊發達，彈指即可購買世界各大小品

牌的今天，設計師所要面對的競爭者，不僅僅是只有自己店面所處的那條街，或是所居住的那個城市，我們的競爭是來自世界各地數不清的優秀設計師們！這聽起來像是個大打擊，but why not？若時尚是妳的Dream，而妳也不介意這些打擊，願意繼續堅持下去，有一天，這個舞台也將會是妳的！

我一直認為，不論從事什麼工作，「了解自己」是最重要的一件事！妳不僅要相信自己，做妳所擅長的，還要努力地去做！如果妳喜歡自己所做的事，就如同我一樣，那麼工作不會再只是工作，而是每天「Fun & Joy」和充滿創意的生活！

在踏入時尚這一行前，十分年輕即初出社會的我，心中只單純熱切地渴望擁有一個自己的事業。之前我亦嘗試過許多不同類型的工作：從秘書、空中小姐，甚至是差點走進電影演員的世界！因為需要大量自由的出發點，並知道拿著任何布料，我都可以把它設計成盡量完美的衣裳；不停摸索未來職業下的我，後來靠著家裡留給我的一小筆錢，便毅然決然地獨自一人留在臺北自創品牌。

當我在迪化街成立自己的第一個工作室時，沒有人看好我這個年輕小女孩，毫無經營經驗也不是科班出生的我，憑著一股對美學的熱情與對美的執著——用僅有的概念雇用了一位會計、一位打板師和一位樣品師，就這樣開始了我的時尚之路……。隨著二十年過去，在時尚的道路上，我曾遇過人生與事業中數不清的挫折和打擊，但因為我瞭解自己，看起來雖是不堪風雨，但心的深處是堅定的，所以總是能夠在跌倒後，盡快地站起來！

身為一個服裝設計師，不僅要有足夠的天分，也要有後天足夠的加強與努力——不但要有美學、藝術、建築、音樂，甚至食物的品味，更要有特別的情操，尤其在待人接物和智慧的深度這方面。而身為女性的經營者，我認為自己是以十分女性的經營態度行走在這條時尚之路，看似脆弱卻無比堅定——即是我所謂的

女性經營！做任何事都要在妳能力範圍內，心態上要健康，不要隨波逐流，也不需要過度和他人比較！最重要的是，心中要有一個穩定的力量。我很幸運，有愛我的家人、公司夥伴、愛人和朋友們，總是在我身後支持我，讓我在這無形的力量下能夠無所畏地向前進，也因此我的公司就像是個大Family，每位同仁都在自由、快樂的環境裡盡情地發揮！

時尚是一種生活態度，不能僅僅只是追求外在的美麗，內在的涵養與生活的品質都是相聯在一起的。追求夢想的路上，當然不可能過度的美好，總是會有痛苦和磨難，但是當這一切是妳自己所選擇的道路，所有的磨難都會是必備的良藥，教我總在挫折中，一次又一次不斷地拍去塵埃，再戰再勵！之後，或許妳也可以說：「我終於完成夢想了！」

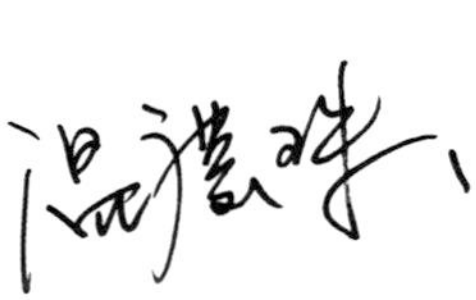

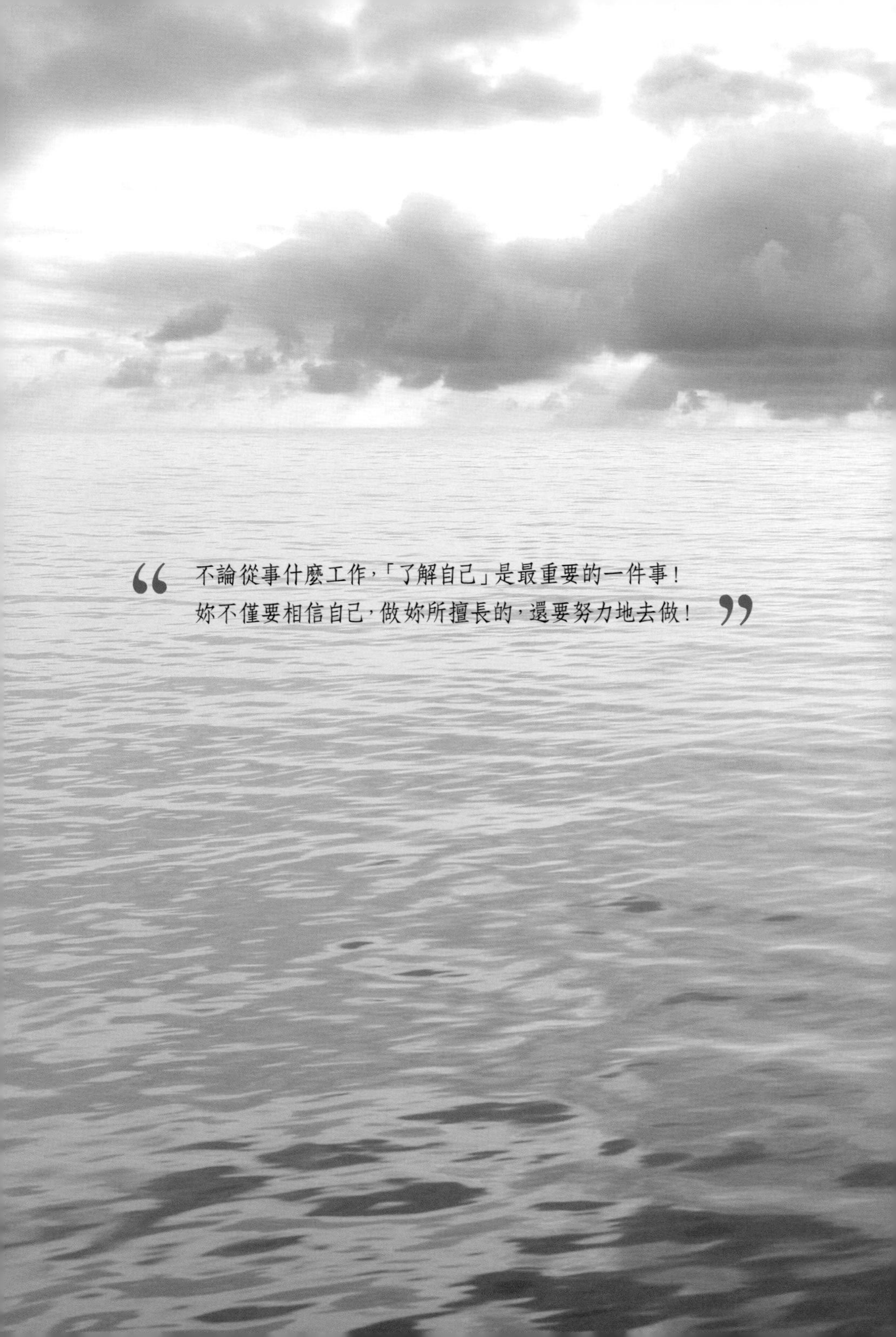

“ 不論從事什麼工作，「了解自己」是最重要的一件事！
妳不僅要相信自己，做妳所擅長的，還要努力地去做！ ”

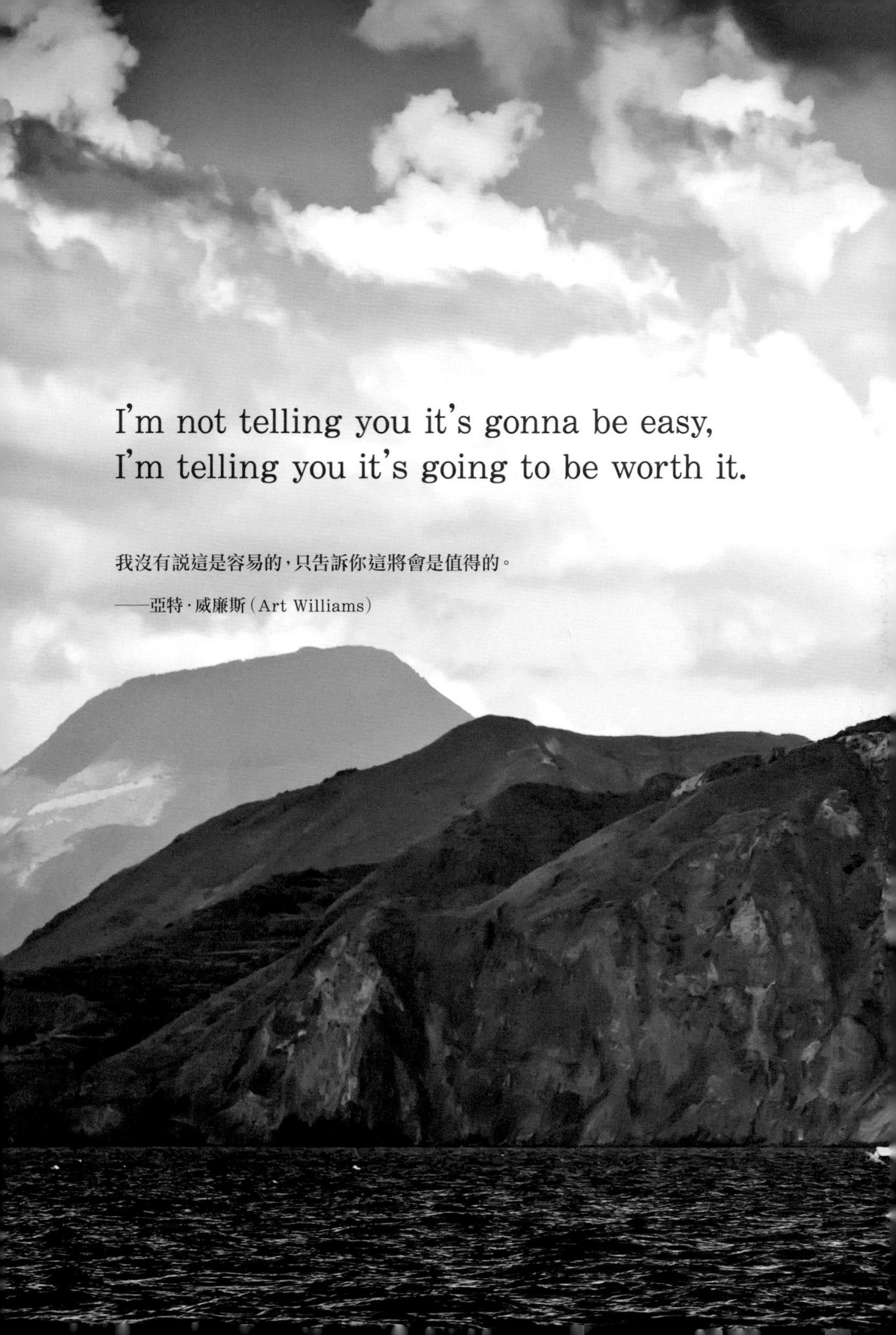

I'm not telling you it's gonna be easy,
I'm telling you it's going to be worth it.

我沒有說這是容易的，只告訴你這將會是值得的。

——亞特·威廉斯（Art Williams）

鄒開蓮

Yahoo 亞太區董事總經理暨資深副總裁

相信自己
可以做任何事，
唯一不能做的
就是留在原地
和接受現狀。

身為女性，我們其實常有更多的機會與選擇權，尤其對新世代而言，只要放寬視野，挑戰傳統觀念，不要讓自己的夢想受限，世界就能成為一個嶄新的平台，前方的道路更是一條寬闊的跑道。

我不認為事業成功代表一切，而成功也不是抵達終點，成功是把每一天都過得淋漓盡致，讓今天永遠都比昨天更往前邁進一步；發掘自己的潛力，明確知道

該走的方向、選擇屬於自己的路。要相信自己可以做任何事，但唯一不能做的就是留在原地和接受現狀。

一路走來，我從不設限自己的人生，也期許現在的自己還未達到人生高峰，這樣才能夠持續向前、追求更精采的人生！無所畏懼的性格，讓我在每個階段都能獲得不一樣的啟示與成長。年輕時的成長動力來自於好奇心，喜愛探索和發現新事物，現在從過往經驗累積的能力與資源，讓我更能以成熟的角度去思考自我存在的價值，為身邊的人帶來好的幫助與影響。當發自內心地追求進步，所驅動的成就感與滿足更能豐富妳的生活，帶來前進的熱情與動力！

大學時期我曾參與畢業戲劇公演，背腳本與揣摩劇中角色，讓我每次排演都產生巨大的心理壓力，甚至想要逃避，直到有一天我告訴自己必須停止負面情緒，於是卯足全力將劇本背熟，在努力的過程中慢慢進步，最後完全融入角色。

這讓我深深體悟，唯有正視問題、勇敢地面對與克服挑戰，才能有所突破，享受美好的果實。

成功的道路沒有捷徑，唯有不斷練習與經驗累積，從處理小事的方式決定妳面對大事的態度。我建議年輕人在築夢之初，不一定要設定偉大的目標，但必須告訴自己每天都不要怕失敗，努力嘗試，依循心中所想，唯有試過後才會明白，一切沒有想像得那麼難。

在經歷過中、西方教育文化的衝擊，我深刻體認到唯有願意下場的人，才有機會贏得勝利，只站在場邊評論觀望，永遠無法成為明星球員。現在的我，縱使身為團隊的領導者，依然覺得自己有很大的進步空間。我常常反思是否盡到本分，並透過我的角色為團隊帶來更多價值，尤其當領導者愈處高位愈需要聽到真實的想法，因此更需要學習以謙虛的態度敞開心房，聆聽員工的聲音，創造改

變，帶來更好的氣象。

一直以來，社會上常討論女性在職場所面臨的「玻璃天花板效應」，而在臺灣，女性主管的比例似乎也較其他國家偏低許多，也許是外部環境限制所致，但我更鼓勵在職女性離開自我設定的舒適圈，懂得善用身為女性的優勢，包含善於溝通、高度的包容性、心思細膩、行事謹慎、評估風險等特質，更積極地把握機會、展現自我價值。

期許每位女性，別輕看自己，妳所踏出的每一小步都將決定妳未來的高度，當妳突破自我設限、勇於向前、克服挑戰，將會發現這個世界充滿了屬於妳的機會！

鄭聞蓮

“成功的道路沒有捷徑，唯有不斷練習與經驗累積，
從處理小事的方式決定妳面對大事的態度。”

廖婉池

環球七福廣告有限公司董事長

懂得看、懂得學，成為無可取代的人才。

「成功不會從天上掉下來，再不健全的公司都可以學到東西，重要的是自己要懂得看、懂得學。」在職場的道路上，這是讓我不斷前進的成功哲學。

身為軍人子弟，從小在眷村長大、家境清苦的我，在很小的時候便跟家人一起做手工賺錢，學生時代都是半工半讀貼補家用。那時我的嗜好除了閱讀之外，就是聽廣播。當年常為了聽喜歡的廣播節目蹺課，對我而言，廣播和閱讀是獲得

知識和觀念的最佳管道。年輕人要多讀書，任何書籍都可以，挑自己能接受和最喜歡的，不需要深奧難懂，只要書中有一句話讓妳覺得受用，這幾百塊的買書錢就值得了！

世新畢業後的兩、三年間，曾經在公館擺過地攤，在五分埔批貨開店，做過嬰兒用品公司的總經理特助，當過房地產代銷。後來，我進了廣播代理商做ＡＥ，那時因為公司企劃部人力有限，幾乎所有事情都自己來，沒想到才做了三個月就被客戶倒帳，這對一個月薪水只有四千五百元的我而言，是很大的打擊，但我不敢告訴家人，只能慢慢補回來。於是，我勤跑書局去找跟行銷和廣告有關的書來看，努力加強專業知識，一年之後，辛苦有了收穫，也獲得不少客戶的肯定。

過去的工作歷練在成立公司後，全都變成了經營事業的養分。例如，我第一份正職工作是擔任嬰兒用品公司的總經理特助，因為接觸到許多內部的報表和文件，對於採購進來的商品常是滯銷品，好賣的商品卻沒補進來這件事，始終不能理解；觀察後發現是公司的表格管理沒有做好，流程沒有建立，才讓控管出問題。因此，不論是自己的公司，或是接手「台北之音」，「整理流程、建立制度」成為首要工作。唯有如此，在遇到問題時，才會知道是哪個環節出錯，以及要用什麼方式處理。相同的，就算事務繁多時，也有一定的流程和順序，到了公司我會先開電腦看郵件，先把沒用的信件刪掉，然後處理緊急事情，再回頭來看報表和文件。很多人說我記性很好，其實我不是記性好，而是有進入狀況，當妳有用心，自然就不會忘掉。

⋮

在我的心裡，「人才」是公司的核心價值，年輕人要把自己放在最低的位置，一個最能吸收的位置，什麼都做、什麼都看。現代年輕人生長在數位時代，思想成長加快，但不代表成熟度足夠，常因尚未準備好就莽撞行事而不自知，容易讓人有過度表現與輕易承諾的錯誤觀感。反觀我們這一輩常被說是早熟的一代，經歷過動盪的年代，有著二十歲的年齡，三十歲的老練，與四十歲的思想，從小看到社會的不公，等到自己有能力便會希望去改變與翻轉。曾經有一位業界的領導與我說過：「如果妳有能力就要改變環境，適應不了就脫離。」套用在職場上也是如此，能力不足就要學習適應，適應不了就要有勇於打破現狀的勇氣，縱使離開原本的環境出去闖，都可能因此被觸動而帶來改變的契機，在歷練的過程中，學習用不同的感知來看事情。

很多小朋友不知道自己喜歡什麼，其實不需要太心急，剛就業可以兩年換一個工作，換了兩、三個就知道自己想要做什麼了。現在的我，不論是將版圖擴充到大陸，或是接手台北之音，始終是快樂地在做一件自己喜歡的事，因為我了解自己不是為了賺錢而工作，我是在做一個自己很喜歡的工作，同時還有錢可以賺！並且時常提醒自己「把工作做完」跟「把工作做到最好」是兩件不一樣的事。當心中有熱情及愛的時候，眼神是不一樣的，展現出來的態度和自信也會不一樣。

我們不能停留在原點，觀念要翻新，作法要創新，才能維持領導地位，才能讓品牌獨步領先。這不僅可以應用在經營哲學，在職場上也是如此，擁有實力就能展現自己，不斷累積專業能力，跟隨時代脈動的腳步，放遠目光，妳才能夠讓自己成為無可取代的人才。

“能力不足就要學習適應，
適應不了就要有勇於打
破現狀的勇氣。”

蔡青樺

青樺婚紗企業董事長

做妳所愛，追隨至喜。

我是「青樺婚紗企業」的董事長，許多人認為青樺的專長是拍美美的婚紗照片，將新人最燦爛的笑容化為永恆、最甜蜜的身影迅速定格！在這裡，要告訴大家一個小祕密，其實，最讓我動容的是在拍照結束時，全家老少和新人一起拍團圓照，每一個人從眼睛到嘴角都湧現出快樂與幸福。這一剎那，我深深明白青樺婚紗能夠走過三十年歲月，是因為我們經營的不只是婚紗產業，而是一個「幸福」產業。「幸」是小草破土而出，「福」是在上天的護庇注視下，用一顆虔敬的心努力不懈，認真認分地耕耘屬於自己的一方心田，這也就是我人生的目標。

我有三個女兒，從二十五歲到三十三歲，她們各自在海外求學工作，對人生充滿了夢想，對未來卻也有些許的遲疑；在面對職場、婚姻、人際抉擇的此刻，我最想對她們說的話，就是要「扮演好人生每一個階段的角色」。

在我眼中，女性比男性更得上蒼恩寵，因為歷經的身心變化遠遠超過男性，從備受疼愛的小女孩，蛻變成動人的少女，嫁作人妻，化身慈母，成為家庭與公司的重要支柱，也是最忠誠的姐妹淘，在生命不斷轉換的過程中，激發潛能趨向成熟。雖然有痛苦的眼淚，卻是無限喜悅感恩。但是在「扮演好每一階段角色」的當下，我要深深地提醒她們：「千萬別忘了愛自己。」若不懂得「愛自己、珍惜自己」，怎能長久地愛他人、珍惜他人呢？我也以此祝福每一位新娘。

⋮

另外，我很喜歡的一個字是「獨」。身為新世代的女性，必須有「獨立思考」、「經濟獨立」、「獨立生活」，以及和自己靜靜相處的「獨處」能力。孤獨而不孤單，靜才能生慧，當我與自己獨處時，自省與覺知變得異常敏銳，心性會開始往高處飛翔；向大師學習，才會自覺不足。在五十六歲生日時，先生送了一個結婚三十週年禮物，支持我申請進「北京大學哲學研究所」進修。在探究生命的真理和「獨處」的時刻，我找到真正的自己，更堅定了自己的腳步和人生的方向。「青樺」是我的名字，朋友們都說，它是一棵青翠高大的樹，美麗優雅伸向無盡的穹蒼，雖然有暴雨冰雪，但年年茁壯，開枝散葉，這是我的圖騰，也是我的力量！

對我而言，人生是不斷學習的過程，經營品牌企業的道路上，我也曾經是一張白紙，但我願意用心去看、去聽、去感受，不斷吸取及學習旁人的經驗，並且靠著永不放棄的精神，鼓勵自己去面對每一次挑戰，跨越一次又一次的難關，就這樣帶領青樺走過三十個年頭，如今青樺品牌形象鮮明，真誠、用心的服務廣為人知。

我相信人是善良的，只要給予機會，每個人都會盡其努力，成就真、善、美的理想。所以我畢生致力於建立一家幸福企業，讓同仁每天快樂工作，為每位客人寫下人生幸福與美滿的永恆回憶。

回首過往，我深信「做自己的主人，愛己愛人」，是讓每個人一生幸福快樂的關鍵。成就自己的同時，不忘體貼關心別人，人生終究自在圓滿。在此分享我生命的一些體驗，希望可以幫助更多女性朋友確立自己的努力方向，人生美麗不留白。

蔡青樺

身為新世代的女性，必須有「**獨立思考**」、「**經濟獨立**」、「**獨立生活**」，以及和自己靜靜相處的「**獨處**」能力。

盧淑芬

《ELLE 她雜誌》總編輯

夢想的力量。

我是家裡的老么，一出生就享受所有人的寵愛，一直被還沒出嫁的小姑姑當作洋娃娃似地打扮！到了國中時期，竟「立志」想要成為可以打扮別人的「時裝設計師」。對一直把我當小孩的爸爸媽媽來說，這個「夢想」不過就是么女「愛漂亮」的延伸。從頭到尾，完全沒人嚴肅看待。直到我考上了人生第一志願的時裝設計系，全家人這時才發現原來我一直是認真的。

在準備要畢業的那一年，當時的時裝產業因為不景氣，所以機會並不多，也覺得自己的設計能力在同儕之間並不是太突出，於是開始想，自己在設計領域還

有什麼其他的可能性？後來，我想到自己的設計能力雖然不強，但搭配概念應該還算出色，之後很幸運地透過學長介紹，在某位畢業學姐成立的工作室裡，得到了一個實習機會。當時，工作室主要是幫電視主持人搭配錄影的服裝，跟製作一些雜誌的時裝報導稿件。因為工作室的編制很小，所有的事我都要幫忙，包括外借、歸還服裝、陪藝人錄影，萬一衣服不合身、或突然皺了，要用那些小技巧，立刻處理，以及幫忙整理時裝潮流的資料……，雖然早出晚歸還得犧牲暑假玩樂的時間，但一切對我來說，都很有新鮮感，學到很多學校沒有教的事。也因此認識了很多學姐的朋友，他們後來都成為臺灣創刊國際版本時尚雜誌的前輩。

當時臺灣其實還沒有「時尚編輯」這樣的工作，但我很幸運地在《ELLE》臺灣版創刊時，成為第一位時尚編輯。跟著創刊的工作，看到一本雜誌從無到有，被慢慢地捏出形狀，然後幾年下來，逐漸影響了臺灣女性，建立時尚態度，以及正面積極的生活觀，甚至成為國內最有影響力的時尚刊物。

一直覺得自己很幸運！但直到後來，自己也擔任主管，才發現原來當初我對一切都充滿好奇心，任何不擅長的棘手任務都願意先試試，覺得好玩到從沒想過喊累，就是我最希望我的團隊擁有的特質。尤其面對時尚領域，雜誌編輯的工作，每天要接受大量資訊與teamwork的合作方式，除了勇於嘗試的好奇心，更要具有開朗胸襟和執行力，對工作態度保持彈性，才能面對不同的挑戰與變化，而這也是年輕人初入職場的基本態度條件。我之所以能有這樣的表現，不是誰告訴我必須這樣做，而是因為我遇見了自己最有興趣的工作。對於喜歡安定的人來說，每天近乎轟炸式的新訊息，絕對是很痛苦的，但對太害怕無聊、沒有變化的我來說，卻像是天堂。

在二十多年的工作生涯中，我做過許多嘗試與轉變，唯有時尚雜誌編輯工作，讓我有一股強烈的喜好和認定，所以再困難我都願意去經歷。縱使每個人對自我要求不同，做到完美的一百分不容易，但在過程中我總是盡力，看自己可以

做到什麼程度，於是一次又一次地突破自己，當抱持這樣的信念時，就沒有什麼是不能克服的。所以，了解自己，找到自己的適性，絕對是年輕人在思考自己未來的路時，最重要的第一個功課。也許妳也會想錯，就像我一直以為自己是要當時裝設計師，沒想到卻變成了時尚雜誌編輯。我總覺得，有目標追尋是很重要的，愈年輕愈應該勇敢作夢，因為即使最後妳沒有真的追到自己要的夢，但絕對會離妳的夢想很近很近。

就像我，沒有一點失望，反而很開心，因為——是夢想把我帶到了這裡，而這就是不放棄夢想的力量！

“做到完美的一百分不容易，但在過程中我總是盡力，
看自己可以做到什麼程度，於是一次又一次地突破自己，
當抱持這樣的信念時，就沒有什麼是不能克服的。”

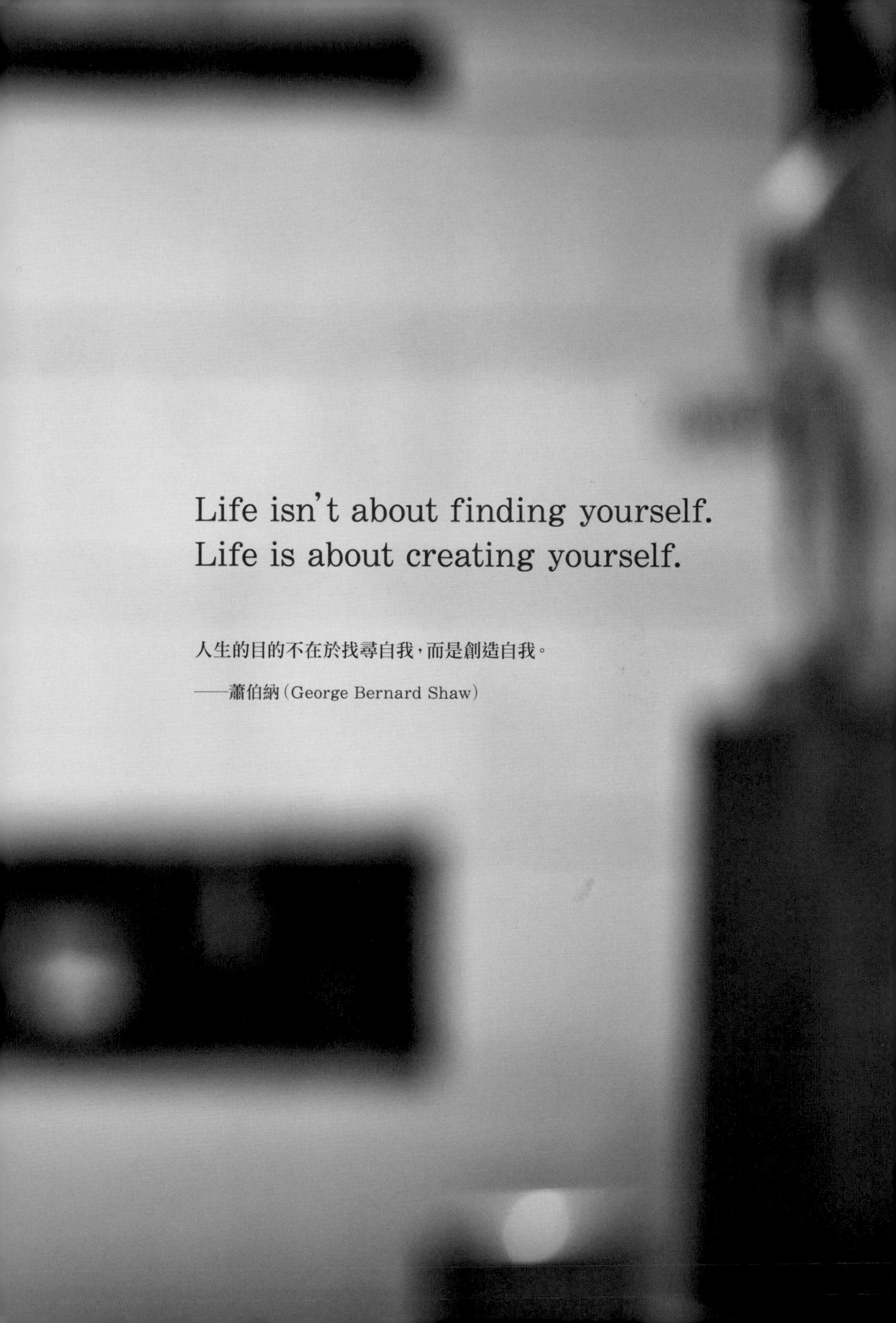

Life isn't about finding yourself.
Life is about creating yourself.

人生的目的不在於找尋自我，而是創造自我。

——蕭伯納（George Bernard Shaw）

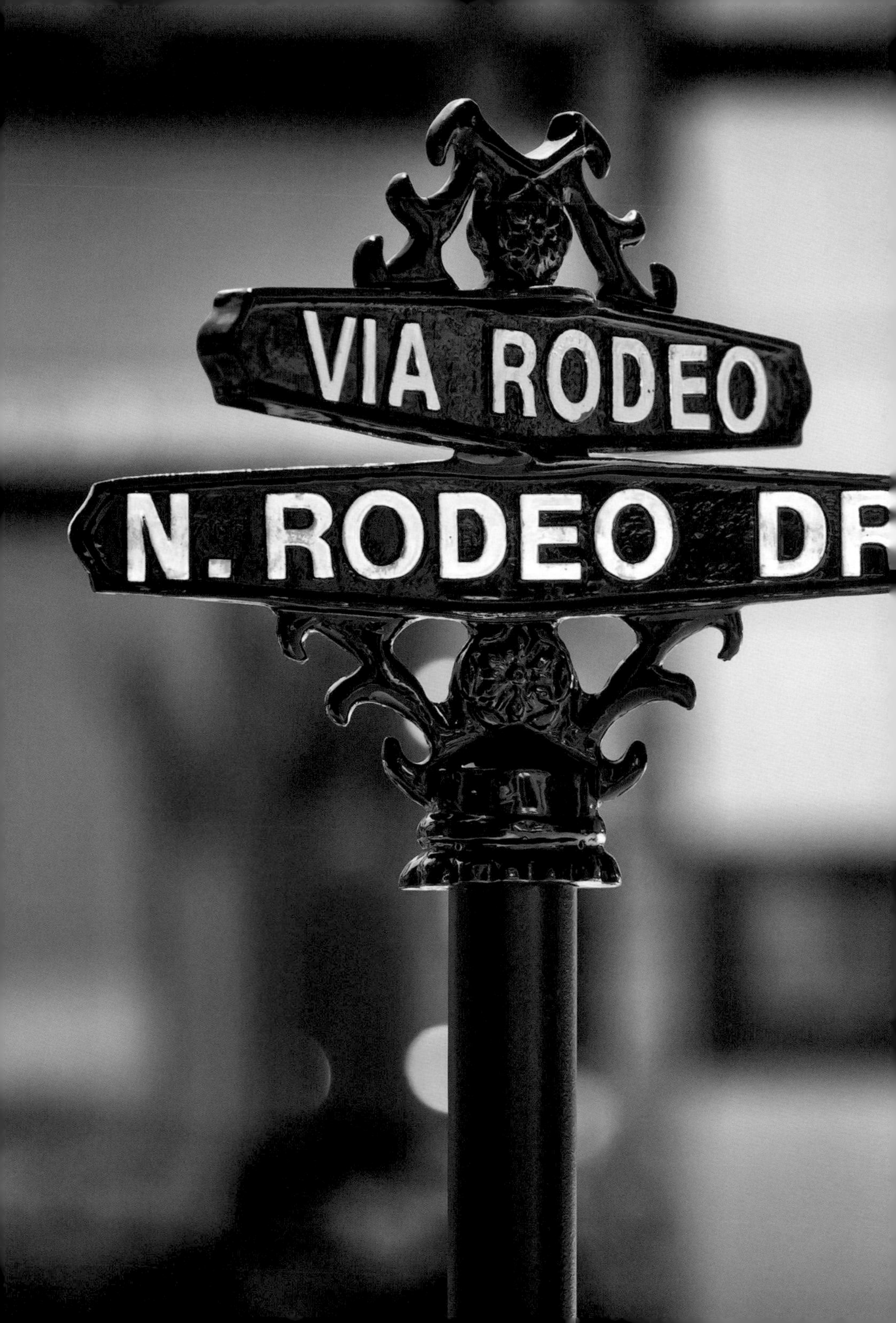
VIA RODEO
N. RODEO DR

丁菱娟

「世紀奧美公關顧問公司」創辦人，畢業於淡江大學中國文學系，擁有美國賓州Bloomsburg大學ＭＢＡ碩士學位。一九九二年自行創業成立「21世紀公關公司」，在高科技公關界打出口碑和名聲後，幾年前加入「奧美集團」，更名世紀奧美公關顧問公司。在丁菱娟的帶領下，世紀奧美公關已成為臺灣公關界的領導品牌。

至今她持續在網路、平面等媒體上發表文章，同時出版《專業與美麗》與《老闆請你喝的70杯咖啡》兩本書，砥礪職場年輕人擁有正確的工作態度與價值觀，成為職場暢銷書作家之一，並於二〇一三年獲選為亞太區ＣＭＯ婦女領袖獎。

王文欣

畢業於國立政治大學廣告學系並擁有國立臺灣大學ＥＭＢＡ學歷。二〇〇六年一月上任「臺灣無印良品股份有限公司」副總經理，隔年升任為總經理一職，在其帶領之下，臺灣無印良品成為日本母公司最強勁的海外分支。更於二〇〇八年獲得ＭＶＰ經理人肯定，並於二〇一三年的六月派任接手「中國無印良品（上海）商業公司」董事總經理。

王珮華

世新廣播電視科畢業，入行二十餘年，擅長製作時裝劇，展現都會女子的現代作風。一九九七年成立「王珮華工作室有限公司」及「古鯨製作公司」，其作品包括：「中視劇場花系列」、《光陰的故事》、《犀利人妻》、《向前走向愛走》、《女王的誕生》，並在一九九九至二〇〇一年兼任世新大學廣電系講師。

王陳彩霞

現任「夏姿·陳」（SHIATZY CHEN）設計總監，也是品牌靈魂人物，在每一季融入中國文化的意念與元素，成為SHIATZY CHEN經典風格，承續詩意東方與工藝西方的極限。不僅於一九九八年獲法國費加洛仕女雜誌專題評選為臺灣九位傑出女性之一，同年亦獲選為年度菁鑽大章。二〇〇八年正式加入巴黎高級時裝公會，成為大中華區唯一的正式會員。二〇一三年SHIATZY CHEN成立三十五週年，並在具有歷史指標的巴黎大皇宮展出服裝秀。

江威娜

曾於兩千年及二〇〇二年兩次榮獲「MasterCard International Inc. 全球最佳業務主管」，並於二〇〇八年被中國婦聯選為「最佳外企女性經理人」。於二〇一〇年進入「永豐銀行」，短短一年半的時間，升任首位女性總經理，讓永豐銀行信用卡卡量突破兩百萬張，晉身國內第六大發卡銀行。期間帶領永豐銀行榮獲二〇一四年臺灣服務業大評鑑——最佳團隊熱忱獎，二〇一三年臺灣服務業大評鑑——銀行業第一名，二〇一二年臺灣金融研訓院菁業獎——最佳國際發展獎。

何薇玲

臺灣大學歷史系畢業後，赴美專攻電腦，曾任臺灣「康柏」、「惠普」等科技公司董事長，為臺灣第一位擔任外商CEO的女性；現為「全球一動」董事長暨創辦人，致身於行動寬頻產業，推動臺灣4G行動網路發展，並多次受邀參與「M-Taiwan」、「M-Taipei」等國家政策計畫。

余湘

畢業於私立銘傳女子商業專科學校會統科，現為全臺最大媒體代理集團董事長兼總裁，掌管旗下「香港商群邑有限公司臺灣分公司」、「香港商傳立媒體有限公司臺灣分公司」、「媒體庫傳播股份有限公司」、「聯廣傳播集團」，被業界譽為「媒體教母」。並於二〇一一年出版《我是余湘》一書，與外界分享從總機做到總裁，一路走來的心路歷程，以及職場經驗分享。

吳小莉

華人世界最具影響力的女性媒體人之一，曾被《亞洲新聞週刊》（*Asiaweek*）選為「當今中國你應認識的五十位人士」之一；被新華社《環球》雜誌票選為「二十位最具影響力世紀女性之一」；被美國著名傳媒行業雜誌《綜藝》（*Variety*）評選為「傳媒領域最具影響力的女性人物之一」。現任鳳凰衛視資訊台副台長兼首席主播，曾擔綱主持《小莉看世界》等品牌節目。現主播／主持晚間新聞節目《時事直通車》、走訪兩岸四地高層領袖人物的《問答神州》，以及倡導生態生活理念的《文明啟示錄》等節目。並擔任「環境使者」、「志願者大使」、「慈善大使」等多項社會及公益工作。

周筱玲

現任「元大寶來期貨」總經理，臺灣大學財金所碩士，是臺灣少數具有橫跨銀行、證券、資產管理、期貨等四大金融領域多年豐富經驗之ＣＥＯ。從全國大專優秀青年到全國社會優秀青年代表，全球華人女性菁英大獎，中國影響力女企業家，二〇一一年七月更榮獲臺灣證券金融界最高榮譽——金彝獎傑出企業領導人才獎等，並於二〇一四年獲The Asset評選為最佳領導人「The Asset Leader Award」。經常因優異表現獲得各式獎項肯定。並有暢銷著作《我要一輩子有錢》等，亦曾任臺灣女企業家協會理事長，致力推動兩岸四地與國際女企業家交流。

洪蘭

加州大學實驗心理學博士，現任中央大學講座教授、臺灣聯合大學系統（清華大學、交通大學、陽明大學、中央大學）講座教授。

洪教授研究、講學之餘，致力於科普書籍的譯作，已翻譯五十多本生物科技及心理學方面的好書，其中《揭開老化之謎》與《教養的迷思》，分別獲選為一九九八年及兩千年「中國時報開卷好書獎」翻譯類十大好書。近年來致力於閱讀習慣的推廣，足跡遍及臺灣各縣市城鄉及離島近千所的中小學，進行推廣閱讀的演講，並於二〇一一年，獲得《遠見》雜誌「第九屆華人企業領袖高峰會」終身成就獎。

陳碧華

現任「克麗緹娜集團」董事，以及「台灣女董事聯盟」委員。於上海同濟大學取得ＥＭＢＡ碩士學位，並曾任新加坡「東恩公司」董事長。在領導企業獲得多項殊榮肯定，分別於二〇一一年榮獲《旭茉JESSICA》雜誌頒發「Jessica成功女性大獎」，二〇一二年榮獲品位大典&鮑爾傳媒集團頒發「年度傑出女性成就大獎」，二〇一三年榮獲亞洲品牌年會頒發「亞洲品牌年度領軍人物大獎」，以及二〇一四年榮獲中國香料香精化妝品工業協會頒發「中國香料香精化妝品行業傑出個人貢獻獎」。

陳藹玲

現任「富邦文教基金會」執行董事，以及「媽媽監督核電廠聯盟」發起人。政治大學新聞系畢業、美國南加大傳播研究所碩士。曾為知名電視主播，傳播背景出生的她，有顆關懷社會的心，其所主持的富邦文教基金會，以青少年為服務對象，關注與青少年相關的議題，特別是媒體與青少年的關係，付出心力於媒體素養教育、生命教育、理財教育及服務偏鄉地區的弱勢團體。從提升青少年的媒體素養到關注核電廠安全問題，二〇一三年號召婦女成立媽媽監督核電廠聯盟，集合徐璐、李烈、吳淡如及陶晶瑩等一百餘位名女人，發起監督聯盟。她訴求「讓我們為孩子們做點事」！

喻幼眉

從事國際貿易工作至今逾三十年。二〇〇三年創立臺灣原創生活瓷器品牌「3,co」，臺灣設計，行銷全球，十年深耕受到歐美高端市場肯定。二〇〇七年回到臺灣，於臺北天母開設首間旗艦門市，二〇一〇年遷至富錦街擴大營業，以複合式概念，結合3,co當代瓷器傢飾與Café藝文展演空間，落實3,co生活美學精神，帶給顧客零距離的體驗。

童至祥

畢業於臺灣大學外文系，並曾於美國哈佛大學、菲律賓亞洲管理學院接受高階經理人培訓。一九八一年加入「臺灣ＩＢＭ公司」，前後任職二十個以上不同職務，二〇〇六年被拔擢為臺灣ＩＢＭ公司第一位女性總經理。二〇〇九年加入「特力集團」擔任集團執行長，帶領特力貿易與特力屋零售屢創佳績，年營業額逾三百五十億元、員工逾六千人。

楊惠姍

現任「琉璃工房」創辦人暨藝術總監，也是臺灣一九七〇年代家喻戶曉的演員，晚期電影《小逃犯》和《我這樣過了一生》連續兩年獲得臺灣電影表演最高肯定——金馬獎最佳女主角。另外一部作品《玉卿嫂》，在亞太影展獲得最佳女主角。一九八七年，離開電影，投身中國現代琉璃藝術，創立琉璃工房，苦心研究特殊琉璃脱臘鑄造法。二十年來，楊惠姍一直以現代中國風格的琉璃藝術創作者深自期許，並於美國康寧玻璃學校擔任課座教授，其所創作出富含傳統中國語言與人文思想充沛的雕塑作品，讓中國琉璃藝術在短時間內，享譽國際藝術舞台。

溫慶珠

臺灣知名的服裝設計師，充滿著對藝術及服裝的熱愛，加上對美感保持高度靈敏的觀察與要求，在流行時尚領域建立了卓越的成就。多年來在臺灣的流行時尚界，溫慶珠（Isabelle Wen）始終被各家媒體注目且贏得多次獎項的肯定，也曾被應邀到法國、日本和中國巡迴展出。近年除了持續在服裝設計上創作經營外，還嘗試將其興趣延伸到餐飲界，引領帶動時尚生活美學新風潮。

鄒開蓮

兩千年加入「Yahoo奇摩」擔任總經理，二〇〇七年升任為Yahoo亞太區董事總經理暨資深副總裁，負責管理Yahoo在香港、臺灣、東南亞與印度之業務，同時亦擔任Yahoo在澳洲、紐西蘭地區合資公司董事會成員。任職Yahoo奇摩總經理期間，於二〇〇一年成功領導Yahoo併購奇摩，順利完成兩家公司之企業整合，成為臺灣最大入口網站與網路拍賣平台，益加鞏固Yahoo奇摩在臺領導地位。二〇〇八年再次領導Yahoo奇摩併購興奇科技，開創電子商務新里程碑。

廖婉池

「環球七福廣告有限公司」、「台北之音廣播（股）有限公司」與「北京環球七福廣告有限公司」董事長，「中華民國廣播事業協會」理事長，旗下的廣播事業包含臺灣最知名的Hit FM音樂電台，917 POP Radio台北流行廣播電台，大陸Music Radio音樂之聲的廣告總代理，City FM城市之音聯播網的廣告總代理，You Radio北京都市之聲的廣告總代理，不但是目前國內發稿量最大的廣播廣告代理商，在中國大陸的廣播界也具有相當的影響力，更是一位極度熱愛廣播的忠實聽眾。

蔡青樺

現任「青樺婚紗企業」董事長，曾獲選為兩岸三地百名傑出女企業家、二〇一四年代表臺灣赴瑞典接受國際婦女創業挑戰大會（IWEC）表揚。一九八〇年創辦青樺婚紗企業，致力於推廣結合人文關懷與藝術經典的婚紗文化，迄今秉持「人文、創新、服務」的經營理念，青樺婚紗企業已是華人婚紗品牌的代名詞，拍攝過的政商名流不勝枚舉，同時也參與華人音樂、電影攝影集拍攝出版。另一方面積極參與慈善事業，運用自身在社會的影響力，推廣愛與家庭幸福的重要性，並擔任臺灣尤努斯基金會董事、漸凍人協會顧問，致力於弱勢者關懷和培力活動。

盧淑芬

參與國內首本國際中文版雜誌《BAZAAR哈潑時尚》創刊，自《ELLE》國際中文版創刊起，即擔任時尚編輯，採訪巴黎米蘭時裝週超過十年，可稱為臺灣時尚雜誌界最資深的時尚編輯，現為《ELLE她雜誌》總編輯。並有個人著作《新流行世紀》、《名牌高瘋會》、《世界時尚名牌聖經》等書籍。

加入我們

Facebook.com / MyLGBD

Twitter @SarahLiu

Instagram @LittleGirlBigDream

聯絡我們

sarah@littlegirlbigdream.com

LGBD活動剪影

ＬＧＢＤ是一個專門連結和培育優秀年輕職業女性的人際網絡平台，傳授並裝備新世代女性達成職場成功目標與進階企業領導人地位，透過職場培訓領導課程引領並激勵年輕女性培養遠大宏觀，裝備自己的職場技能並具有實現夢想的能力與動力。

●**由Sarah Liu於二〇一一年三月開創。從剛開始位於雪梨的一人公司，至今ＬＧＢＤ已成長為橫跨澳洲全國八人規模的工作團隊。**

●**服務品項包含：**

主題講座

職場研討會

一對一輔導課程

大師培訓班

● LGBD自創立至今已協助超過七百六十位澳洲年輕女性在個人職業生涯上的大躍進。

● 在創業短短三年內，事業版圖橫跨雪梨、墨爾本以及伯斯。

● 於二〇一三年九月出版了一本名為"*500 Words of Wisdom*"的書籍，集結了二十三位澳洲最具代表性的企業女性領導者一同發行。

● 限量發行的澳洲版"*500 Words of Wisdom*"銷售佳績涵蓋澳洲、紐西蘭以及新加坡等海外國家的知名連鎖書店，超過三百個販售點。

Some people succeed because they are destined to, but most succeed because they are determined to.

有些人的成功是因著命運，但多數人的成功是源自決心。

——亨利・戴克（Henry Van Dyke）

Sarah
個人簡介

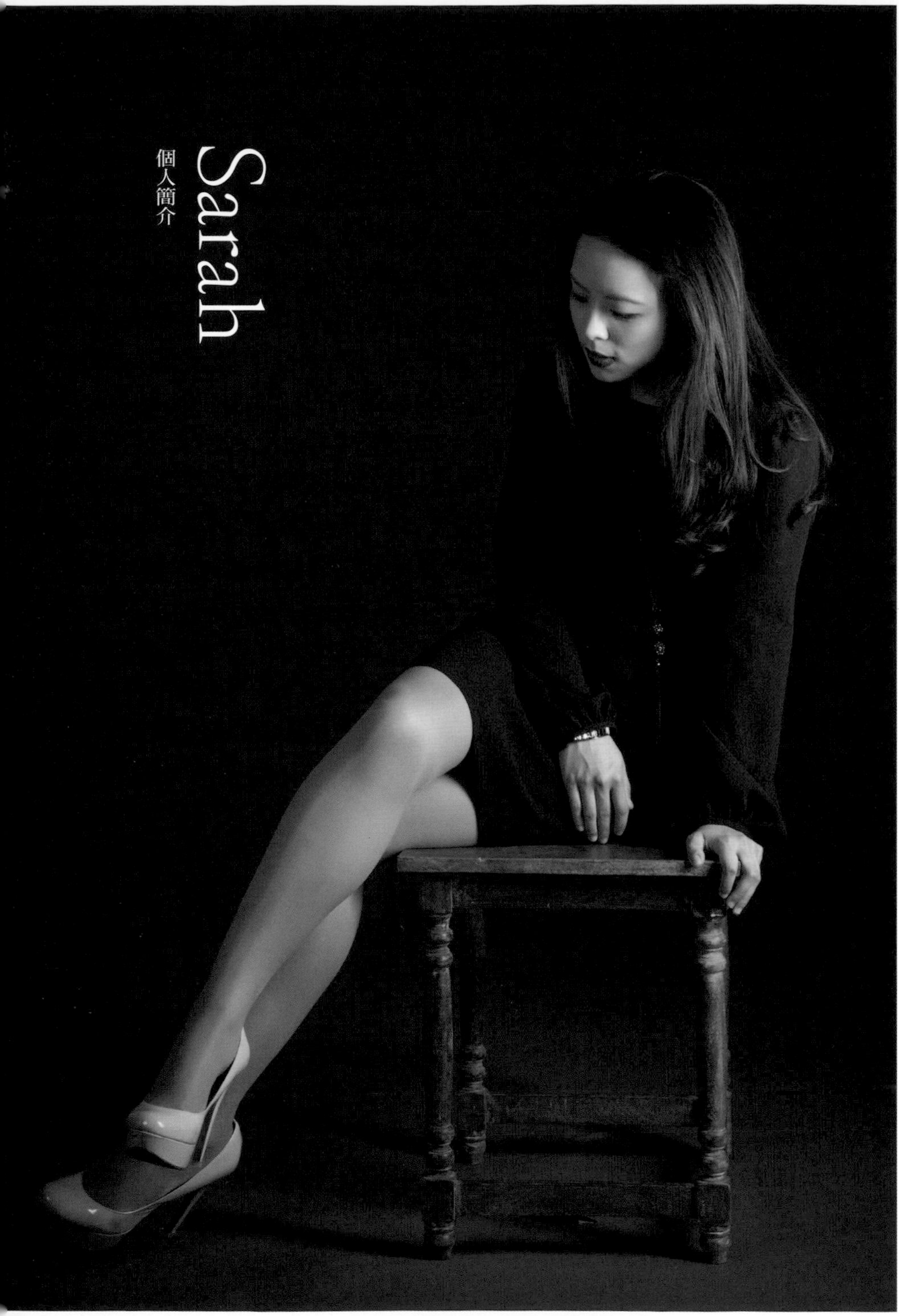

Sarah於十二歲離開臺灣，移民至紐西蘭，二〇〇八年搬到雪梨（Sydney），開始了她品牌管理以及行銷策略的工作生涯。然而在追求職場目標的道路上，滿懷野心的她感受到公司企業普遍對於女性缺乏資源與支持的環境，因而促使她在擔任全職品牌經理的同時決意創辦LGBD，致力於長期推動及改善女性職場環境，在創業與企業領導教授中激勵年輕女性勇於築夢，並教導她們具備實現夢想的能力。

身為世界公民，Sarah的目標是持續發展個人在品牌行銷上的國際視野與專業知識，並讓LGBD與The Dream Collective的足跡能擴展到全球各地，讓世界各個角落的年輕女性都能成功發掘自己的潛力，並且逐夢成真。培育出更多的女性企業領導者，幫助她們成功。

同時Sarah也期許臺灣版的《夢想不設限！做，就對了！》透過在地二十位女性領袖菁英發聲，鼓勵更多年輕人築夢與實現夢想的企圖心，創造更多未來女性領導人的職場機會。其宗旨在於傳授與裝備年輕女性在追求夢想旅途中，如何提升自我職場競爭力並邁向領導階層，同時透過作者自身經驗與生命轉折故事，帶領讀者看到她們如何成為頂尖領導者的成功路程。

●個人獎譽紀錄

2004 Rexona Clinical & Women's Agenda Pitch Off 得獎人

2014 International Stevie Awards for Young Female Entrepreneur Women of the Year 銀牌得主

Qantas & Australian Women's Weekly 2014 Women of the Future 提名人

Australian Financial Review and Westpac 100 Women of Influence 提名人

NAB Women's Agenda Leadership Awards 提名人

工作經歷

在其二十三歲芳齡就於世界知名品牌顧問諮詢公司Landor Associate擔任品牌顧問。專攻於全球品牌市場行銷策略，曾經服務過的世界知名品牌包含：P&G, Pernod Ricard & Citibank。

曾任市場行銷經理、企業策略管理相關職務，以及露華濃化妝品大洋洲品牌經理為最近期之工作資歷。

是企業家同時也身為兩家公司的創辦人與經營者，分別為ＬＧＢＤ和GEMINI3。

學歷

畢業於紐西蘭奧克蘭大學，主修大眾傳播以及心理學雙學士學位

東京大學交換學生並獲得國家獎學金得主

國家圖書館出版品預行編目

夢想不設限！做，就對了！：20位臺灣頂尖女性的成功筆記 / 劉道薇（Sarah Liu）著.
-- 初版. -- 臺北市：商周出版：家庭傳媒城邦分公司發行, 民104.01　面；　公分. -- (People)
ISBN 978-986-272-720-1（平裝）
1. 成功法

177.2　　　　103025137

People 20

夢想不設限！做，就對了！ 20位臺灣頂尖女性的成功筆記

作者——劉道薇（Sarah Liu）
協力編輯——黃婷（Cora Huang）
責任編輯——曾曉玲
美術設計——copy

版權部——翁靜如、吳亭儀
行銷業務——林彥伶、張倚禎
總編輯——何宜珍
總經理——彭之琬
發行人——何飛鵬

法律顧問——台英國際商務法律事務所　羅明通律師
出版——商周出版
臺北市中山區民生東路二段141號9樓
電話：(02) 2500-7008　傳真：(02) 2500-7759
E-mail：bwp.service@cite.com.tw
發行——英屬蓋曼群島商家庭傳媒股份有限公司城邦分公司
臺北市中山區民生東路二段141號2樓
讀者服務專線：0800-020-299　24小時傳真服務：(02)2517-0999
讀者服務信箱E-mail：cs@cite.com.tw
劃撥帳號——19833503　戶名：英屬蓋曼群島商家庭傳媒股份有限公司城邦分公司
訂購服務——書虫股份有限公司客服專線：(02)2500-7718；2500-7719
服務時間——週一至週五上午09:30-12:00；下午13:30-17:00
24小時傳真專線：(02)2500-1990；2500-1991
劃撥帳號：19863813　戶名：書虫股份有限公司
E-mail：service@readingclub.com.tw
香港發行所——城邦(香港)出版集團有限公司
香港灣仔駱克道193號東超商業中心1樓
電話：(852) 2508 6231傳真：(852) 2578 9337
馬新發行所——城邦(馬新)出版集團
Cité (M) Sdn. Bhd. (458372U) 11, Jalan 30D/146, Desa Tasik, Sungai Besi,
57000 Kuala Lumpur, Malaysia.
電話：603-90563833　傳真：603-90562833
行政院新聞局北市業字第913號

印刷——卡樂彩色製版印刷有限公司
總經銷——高見文化行銷股份有限公司　電話：(02)2668-9005　傳真：(02)2668-9790

2015年（民104）1月29日初版　Printed in Taiwan　定價320元
　ISBN 978-986-272-720-1
商周出版部落格——http://bwp25007008.pixnet.net/blog